GAI VALERI FLACCI
SETINI BALBI

ARGONAUTICON
LIBROS OCTO

RECENSUIT

WIDU-WOLFGANG EHLERS

STVTGARDIAE IN AEDIBVS B. G. TEVBNERI MCMLXXX

CIP-Kurztitelaufnahme der Deutschen Bibliothek

Valerius Flaccus Setinus Balbus, Gaius:

[Argonautica]
Gai Valeri Flacci Setini Balbi Argonauticon /
libros 8 rec. Widu-Wolfgang Ehlers.- Stutgardiae
[Stuttgart] : Teubner, 1980.
(Bibliotheca scriptorum Graecorum et Romanorum Teubneriana)
Einheitssacht.: Argonautica
ISBN 3-519-01868-3

Printed in Germany
Satz: Pagina GmbH, Tübingen
Druck: Beltz Offsetdruck, Hemsbach/Bergstraße
Binderei: E. Riethmüller & Co., Stuttgart

PRAEFATIO

Aetate[1] qua editores ope codicum ingenioque suo nisi corrupta emendaverunt peracta viri docti in contraria cucurrerunt. codicem quendam optimum solum ducem selegerunt, ceteros ut descriptos aut Italorum manu inquinatos contempserunt aut ut multitudine formidolosos atque in bibliothecis externis asservatos neglexerunt. qua ut ita dicam ratione usi Argonauticon editores per centum annos codicem vetustissimum archetypum habuerunt. versus,

---

[1] in hac praefatione nomine solo citantur hi libri:

Courtney	C. Valeri Flacci Argonauticon libri octo, rec. Edward Courtney, Lipsiae 1970.
Ehlers 1	Widu-Wolfgang Ehlers, Untersuchungen zur handschriftlichen Überlieferung der Argonautica des C. Valerius Flaccus, München 1970, Zetemata 52.
Getty	Robert J. Getty, The lost St Gall Manuscript of Valerius Flaccus, Aberdeen 1934.
Mare	Albinia de la Mare, The Handwriting of Italian Humanists, vol. 1, fasc. 1, Oxford 1973.
Schmidt	Peter Lebrecht Schmidt, Polizian und der italienische Archetyp der Valerius-Flaccus-Überlieferung, Italia medioevale e umanistica 19, 1976, 241-256.
Pellegrin	Manuscrits classiques latins de la Bibliothèque Vaticane, t. 1, établi par Elisabeth Pellegrin *et al.*, Paris 1975.

quibus in omnibus priorum sententias invenies, ut eas hic omittere liceat.

quos recentiores soli praebuerunt, spurios, lectiones interpolatas, emendationes nullius fere pretii censuerunt, quae tamen - ut fit - in textum receptae sunt.

Omnium editionum recentiorum[2] fundamenta iecit Georgius Thilo, qui cum codices recentiores parum inspexisset tamen eos e codice emanasse Vaticano Latino 3277, quo solo Argonauticon textus niteretur, asseveravit[3].

Casu abhinc paucos annos simul prodierunt editio Teubneriana Lipsiensis[4], quam vestigiis Thilonis pressis curavit Edward Courtney, et libellus meus, in quo codicibus quam plurimis perlustratis Vaticanum illum non esse archetypum codicemque optimum, e quo ceteri emanassent, sed recentiores omnes e codice quodam fluxisse, qui meliora Vaticano praeberet, demonstravi[5]. duobus annis post Pastore Stocchi et Branca Centuriam miscellaneorum secundam Politiani in lucem miserunt, cuius in capite altero vir ille non modo inter aequales praestantissimus scripsit[6] librum unicum, ex quo reliqui emanassent, quinquaginta versuum singulas habuisse paginas et in marginibus eius Nicolai Nicoli Florentini manum agnosci.

Fundamentis Thilonis subductis bibliopola adnuente Argonauticon libros edere mihi proposui[7], ut tandem codices enumerarentur omnes, ut quantum inter se re vera differrent pateret, ut et apparatum criticum, quo necessaria continerentur, et textum inter Scyllam Baehrensianam et Cha-

---

[2] Thilo 1863. Schenkl 1871. Baehrens 1875. Langen 1896-97. Bury 1900. Giarratano 1904. Kramer 1913. Mozley [2]1936. Courtney 1970.

[3] Thilo proll. LXIII.

[4] Lipsiae 1970.

[5] Ehlers 1, 44-83.

[6] Firenze 1972, vol. IV, p. 6sq.

[7] Housmannum (Manil. 1 praef. XXXI) editori minus sagaciori auctores, qui uno solo codice transmissi essent, tractandos esse dixisse non nescius.

rybdin Krameri verba Valeriana non semel duriuscula spectantem lectoribus praeberem.

1. Gaius Valerius Flaccus Setinus Balbus[8], quindecimvir sacris faciundis[9], ordinis senatorii, qua aetate vixerit, Quintilianus[10] verbis *multum in Valerio Flacco nuper amisimus* docet. poetam ergo ante libros Institutionis oratoriae duodecim editos[11] mortuum esse constat. eum opere imperfecto praematura morte abreptum credant alii[12]; ego quidem alteram libri octavi[13] partem iniquitate temporum amissam[14] pro certo habeo.

Prooemium post annum Domini 70 e versibus 1,12sqq., libri quarti versus 507-509 post Vesuvi eruptionem A. D. 79 scriptos esse necessario concluditur. sed num etiam omnes qui sequuntur versus post Pompeios deletos scripti sint dubitari licet, cum consideras Valerium in prooemio vivum ut videtur Vespasianum allocutum esse et Titum nondum principem, Domitianum poetam tantum appellasse[15]. unde me quidem iudice Valerium Argonautica inter annos 70 et 80 composuisse eruptionemque Vesuvi postea libro quarto inseruisse verisimilius videtur. porro poetam non multum ante A. D. 70 carmina fingere instituisse ex eo apparet, quod in prooemio Argonautarum facta cum factis Vespasiani comparantur (cf. Ehlers, Lustrum 16, 1971-72, 114-116).

---

[8] Ehlers, Lustrum 16, 1971-72, 106-108 et Gymnasium 82, 1975, 487.

[9] cf. versus 1,15-17 et Boyancé, Revue des études latines 42, 1964, 334-346.

[10] inst. orat. 10,1,90.

[11] certe ante A. D. 96.

[12] ut e. g. Courtney p. Vsq.

[13] Valerium octo libros composuisse docet Schetter, Philologus 103, 1959, 297-308.

[14] Jachmann, Rheinisches Museum 84, 1935, 238-240.

[15] cf. Gymnasium 82, 1975, 487sq.

2. Novus Argonauticon textus nititur in duobus codicibus vetustis (Vaticano Latino 3277 saeculi IX et Sangallensi deperdito saeculi IX vel X) et in codicibus recentioribus saeculorum XV et XVI. num lectiones genuinas afferant florilegia saeculorum XII-XV dubito; plura de his infra.

Codicibus potioribus descriptis reliquos summatim tantum describere liceat, cum omnes fere iam fusius descripserim[16]. codices quos cito omnes sive ipsos Romae Florentiaeque inspexi sive ex imaginibus lucis ope confectis contuli ipse, ut in quae inciderim vitia mea sint.

2.1. **Codex Vaticanus Latinus 3277,** membran., foll. 140, V
19-23 in singulis paginis versus, Fuldae[17] inter annos 830 et 850[18] minusculis Carolinis exaratus. idem ac Vaticanus primus Heinsii, codex Vossii Burmanni. olim Fulvii Ursini, tunc (paucis annis exceptis, quibus Primo Napoleone auctore Parisiis asservatus est) Bibliothecae Apostolicae Vaticanae. quot scribae textum exaraverint, incertum[19] neque operae pretium videtur. continet vv. 1,1 - 8,467 foliis quinque amissis (3,146-185. 6,439-476. 7,322-359. 8,88-125. 366-385 + 136-153). omisit versus 1,45. 2,565A. 7,579-580. 8,463A.

Codice V, qui quo anno in Italiam pervenerit nescimus, primus Ioannes Baptista Pius in editione Bononiae anno 1519 impressa paranda usus esse videtur. codicem Pio commodavit Iacobus Orodryinus scriptor Apostolicus[20], homo plane ignotus.

---

[16] Ehlers 1, 4-23.

[17] Lehmann, Erforschung des Mittelalters 3, 180 (Stuttgart 1960) *et al.*

[18] Bischoff apud Ehlers 1, 19.

[19] Bischoff l. cit.

[20] Pius praef. 4.

Manus correctrix V^c saeculi XV exeuntis vel XVI ineuntis est[21].

S

2.2. **Codex Sangallensis** deperditus, quem anno 1416 Franciscus Poggius, Cincius Rusticus, Bartholomaeus Montepolitianus in monasterio Sancti Galli detexerunt[22]. quorum ex apographis codex ille restituitur. continebat vv. 1,1 - 4,317 omissis 1,45. 393-442. 2,240. 565A. saeculi IX exeuntis vel X ineuntis fuisse videtur.

X

Primum apographon est codex **Matritensis 8514** (olim X. 81), chart., 39-46 in singulis paginis versus, anno 1416 ab ipso Poggio scriptura humanistica cursiva quae dicitur scriptus[23]. continet post Sigiberti Chronicon (foll. 1-17) Asconium Pedianum (foll.27-64) et Valerium Flaccum (foll. 65-94); foll. 18-26 vacua[24].

X^c manus est Ludovici Regii Imolensis saeculi XV exeuntis[25].

P

Vaticanus Latinus 1613, membran., foll. 38, 31 in singulis paginis versus, saeculi XV, apographon est codicis X[26] et idem ac Vaticanus tertius Heinsii. continet vv. 1,1 - 4,199 omissis 1,45. 393-442. 2,240. 324-406 (i. e. foll. 78v et 79r in X). 565A.

---

21 plura de codice Vaticano apud Ehlers 1 et Courtney X-XIV.

22 Ehlers 1, 24sq.

23 imaginem invenis apud B. L. Ullman, Origin and Development of Humanistic Script, Roma 1960, tab. 27 et Mare tab. XIV c et d.

24 subscriptionem exhibet hanc: *C. valeri flacci argonauticon. Hoc fragmentum repertum est in monasterio sancti galli prope constantiam XX milibus passuum una cum parte Q. asconii pediani. deus concedat alteri ut utrumque opus reperiat perfectum: Nos quod potuimus egimus. Poggius Florentinus*

25 A. Fairbank, The Journal of the Society for Italic Handwriting 47, 1966, 6-11. Mare 78. cf. etiam Courtney XV.

26 eandem fere subscriptionem ac X exhibet vocula *parte* omissa.

Secundum apographon repraesentat **Vaticanus Latinus 1614,** membran., foll. scripta 46, 28 in singulis paginis versus, quod non ipsius Cincii apographon, sed ex eo emanasse videtur[27]. idem ac Vaticanus quartus Heinsii. continet vv. 1,1 - 4,317 omissis 1,45. 393-442. 2,240. 565A. Π

Tertium apographon e tribus codicibus restituitur[28], quorum nullus ex alio descriptus est quique Silium ante Valerium exhibent:

Vaticanus Ottobonianus 1258, chart., foll. 253, 30 in singulis paginis versus, secundum signum chartis impressum non ante annum 1438 scriptus esse videtur. continet foll. 211-253 Valerium Flaccum (vv. 1,1 - 4,317; om. 1,45. 393-442. 2,240. 565A)[29]. O

Oxoniensis Reginensis 314, chart., foll. 261, 28 in singulis paginis versus, saeculi XV. continet foll. 216-261 Valerium[30]. Q

Malatestianus Aesinas S XII 3, membran., foll. 196, 38 in singulis paginis versus, scriptus anno 1464 vel 1465[31]. Valerium continet foll. 163-196. Mal

---

27 Getty 14sqq. Ehlers 1, 26sqq. et 31.

28 Ehlers 1, 28-31. Mare 90.

29 subscriptionem praebet hanc: *Finis eius·quod invenitur argonauticon. et quia exemplar in multis carminibus mendosum erat exscriptum est festine opus alio tempore corrigendum. In Sancto Gallo. M°. CCCC°. XXVI°. Iulii XVI*ª (*XXVI* in *XVI* corr. O^c). cf. Pellegrin 503sq. in marginibus agnoscitur manus Petri Odi Montopolitani, qui et codici subscripsit: Mare 90.

30 Mare 90.

31 Dunston apud Courtney XVI.

Ut quo modo apographa codicis Sangallensis inter se cohaereant brevi illustretur, stemma apposui[32]:

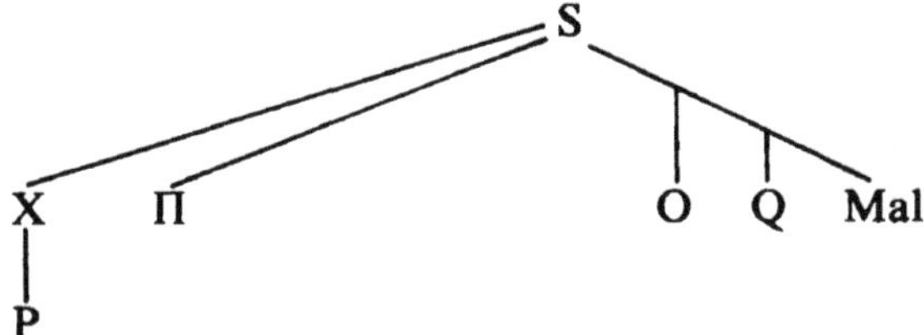

ceterum conferas quaeso Courtney XIV-XX et Ehlers 1,25-31.

2.3. Pauca tantum de singulis codicibus recentioribus dicenda, cum inter eos, qui hanc quaestionem tractarunt, recentiores e codice Laurentiano plut. 39,38 fluxisse constet[33].

Laurentianus plut. 39,38, chart., foll. 113, versuum 24-27 (plerumque 25), anno 1429 aut paulo ante scriptus per Nicolaum Niccoli Florentinum[34]. olim bibliothecae Sancti Marci[35]. margines post codicem scriptum ita abscisi sunt, ut vestigia tantum inscriptionum subscriptionumque veterum agnoscantur. continet vv. 1,1 - 8,467. L

Manus correctrices: L^2 manus paulo recentior, cui pauca debemus; **L**^{c} quinque circiter lustris recentior.

Reliqui codices nullius pretii sunt in archetypo restituendo[36].

---

32 Getty 23.

33 Courtney XXVIII. Ehlers 1, 41-44. sed conferas infra quae ad C scripserim.

34 Mare 56 cum tab. Xc.

35 Politianus Misc. cent. sec. cap. 2.

36 Ehlers 1, 41-44. 83sqq.

Laurentianus plut. 39,36, membran., foll. 118, versuum 24, inter annos circiter 1470 et 1490 per Bartholomaeum Fontium scriptus. eiusdem Fontii commentarium in margine editionis principis scriptum Florentiae in Bibliotheca Riccardiana (Ed. R. 431) detexi. A

Laurentianus plut. 39,37, membran., foll. 109, versuum 26, Florentiae scriptus per Nicolaum Riccium anno 1458. B

Editio princeps Bononiae 1474, foll. 82, versuum 35. *B-1474*

Editio tertia, Bononiae 1498. *B-1498*

Bononiensis Bibl. Univers. 2809 (olim S. Salvatoris 64), membran., foll. 72, versuum 39, saeculi XV; scriptus per Pacificum Maximum Asculanum[37]. Bon

Codex Burmanni deperditus, saeculi XV vel XVI, cuius collationem in codice Bodleiano D'Orville 454 detexit M. D. Reeve. qui monet per epistulam Graevium et Burmannum eodem codice vel iisdem lectionibus excerptis usos esse. Bu

Codex Carrionis deperditus, secundum Carrionem saeculi X, sed adulescentem errasse credunt plerique[38]. continebat vv. 1,1 - 8,105. C

---

[37] vide O. Fuà, Atti della Accademia delle scienze dell' Istituto di Bologna, Rendiconti 63, 1974-75, 280-288.

[38] Courtney XXVIsqq. Ehlers 1, 5. 86-88. contra disputavit Schmidt Gymnasium 81, 1974, 263. iterum sub iudice lis est, num Carrionis codicem tertium praeter L α testem fuisse censeamus, quo in Argonauticis recensendis niteamur. qui errores coniunctivos respicienti potius inter recentissimos eosdemque eliminandos numerandus videtur, sed quae contra recentiorum consensum mutata sint in editionibus Plantinianis 1565 et 1566 impressis suspicionem movent Carrionem adulescentem codicem foede interpolatum ante oculos habuisse, sed qui praeter vulgatas etiam lectiones exhibuisset, quas aut e florilegio quodam aut e codice vetustiore ut V et L deprompsisset. quamquam rem diiudicatam nondum puto, me tamen huius codicis lectionibus nisi coniecturis usum non esse profiteor.

Vaticanus Chisianus H. V. 172, membran., foll. 127, versuum 22, saeculi XV[39]. Chis

Codex Coki qui dicitur; quem deperditum crediderunt, detexit M. D. Reeve: Holkham Hall 326, chart., foll. 116, versuum 24, saeculi XV medii[40]. Co

Laurentianus plut. 39,35, membran., foll. 116, versuum 24, scriptus Florentiae per Antonium Marii filium anno 1429[41]. D

Neapolitanus Bibl. Nat. IV. E. 38, chart., foll. numerat. 162, versuum 3-11, saeculi XVI. continet libros 1-3 cum commentario, scriptus per Aulum Ianum Parrhasium. olim Parrhasii et postea Antonii Seripandi. adnotationes Parrhasii praeterea invenies in marg. cod. Neapolit. Bibl. Nat. SQ. X. G. 7 (i. e. *B-1498*). E
Eiusdem Parrhasii praefationem ad Valerium Flaccum praebet Neapolit. Bibl. Nat. V. D. 15; excerpta e commentario ad versus 1,1 - 6,691 pertinentia in Neapolit. Bibl. Nat. XIII. B. 20 (foll. 43) habes.

Vaticanus Urbinas 353, membran., foll. 309, versuum 29, ante annum 1482 per Federicum de Veteranis scriptus. Valerium continet foll. 213-309[42]. F

Editio secunda Florentiae 1481, ut videtur, foll. 94, versuum 30 (raro 29)[43]. *F-1481*

Editio Iuntina, Florentiae 1503. *F-1503*

---

39 Pellegrin 327.
40 gemellus est Marciani; post v. 6,736 in utroque sequuntur versus 7,24-71; 6,737-7,23; 7,121-168. 72-120. 169sqq.
41 Mare 49 n. 5.
42 Ehlers 1,7sq.
43 Ehlers 1,8.

Neapolitanus Bibl. Nat. IV. E. 39, chart., foll. 115, versuum 42, saeculi XV vel XVI. continet Valerium foll. 1-67v. G

Excerpta Graevii in editione Burmanniana Leidae 1724 reperies; cf. supra Bu. Gr

Neapolitanus Bibl. Nat. IV. E. 41, chart., foll. 94, versuum 30, saeculi XV vel XVI. H

Codex Harlesii qui dicitur. lectiones in margine cod. Leidensis 760 B 10 (i. e. *B-1498*, olim I. A. Ernestii) detexi. Ha

Codex Regius Heinsii deperditus, saeculi XV ut videtur fortasse ab ipso Pomponio Laeto scriptus[44]. lectiones deprompsi ex editione Leidensi 1724. He

Neapolitanus Bibl. Nat. IV. E. 37, chart., foll. 260, versuum 29, saeculi XVI. continet Valerium foll. 13r-106v (foll. 1-6 praebent vv. 1,1-30 cum commentario ad vv. 1-17; foll. 6v-12 vacant). J

Neapolitanus Bibl. Nat. IV. E. 40, membran., foll. 103, versuum 27, saeculi XV vel XVI. K

Monacensis Latinus 802 (Victorinus 123), chart., foll. 105, versuum 27; ante annum 1451 Florentiae scriptus. olim Ioannis Ioviani Pontani[45], qui codicem anno 1451 Florentiae emit, tum Petri Victorii. M

Venetus Marcianus 3979 (XII 72, olim SS. Giovanni e Paolo 700), membran., foll. 113, versuum 25, saeculi XV medii. Marc

---

[44] Heinsius praef. 4 (ed. 1680) apud Ehlers 1, 10. ingenium Pomponi praeterea sumas e codice Leidensi BPL 560, Vat. lat. 5337 et ex Inc. B. 2,15 Bibliothecae Nat. Florentinae; vide infra cod. W. cf. Ehlers 1,15sq. et Lustrum 16, 1971–72, 139.

[45] ut docent subscriptiones Ehlers 1, 12.

Messanensis Mus. Nat. XIII C 7, 1048 (olim II E 9), chart., foll. 112, versuum 25, scriptus per 'C. Septumuleium infoelicem', saeculi XV[46]. Mes

Vaticanus Latinus 1653, membran., foll. 179, versuum 30, post annum 1474. continet Valerium foll. 74–166[47]. N

Olisiponensis Bibl. da Ajuda 49 III 40, chart., foll. 97, versuum 29, saeculi XV exeuntis. Olis

Vaticanus Ottobonianus 2014, membran., foll. 62, versuum 46, saeculi XV[48]. Ott

Parmensis Bibl. Palatinae 1988 (II. X. 167), chart., foll. script. 141, versuum 24, post annum 1519: continet enim Valerium cum Pii supplementis. codicem detexit Reeve. Pal

Vaticanus Reginensis 1831 (olim bibl. S. Silvestris), chart., foll. 132, versuum 21, scriptus per Iacobum Questenberg Romae anno 1488[49]. R

Vaticanus Reginensis 1869, chart., foll. 94, versuum 30, saeculi XV. Reg

Neapolitanus Bibl. Oratoriana dei Gerolamini pil. X. XIX, chart., foll. 100, versuum 30, saeculi XV exeuntis. T

---

[46] codicem descripsit contulitque Salvatore Costanza: Un testimonio degli Argonautica di Valerio Flacco: Il cod. XIII C 7 - 1048 del Museo Nazionale di Messina. quae nondum publici iuris facta benigne misit auctor. subscriptio eadem fere ac codicis H (Ehlers 1, 9sq.: *imperfectum – ingenium.*). ex eodem codice atque Vat emanasse videtur, cum uterque codex versus 7,307–355 post 256 exhibeat. dubium non est quin Mes classis sit, quam Yb appellavi codices GHBonChisVatKW complectentem (Ehlers 1, 95sq.).

[47] Ehlers 1, 13.

[48] Pellegrin 745sq.

[49] Delz, Italia medioevale e umanistica 9, 1966, 426sq.

Vaticanus Urbinas 669, membran., foll. 104, versuum 28, saeculi XV medii; olim bibl. Federici Urbinatis 500. U

Editio Aldina Venetiis 1523. *V-1523*

Vaticanus Ottobonianus 1515, membran., foll. 108, versuum 24, anno 1463; om. vv. 7,257–306 et 7,334 - 8,104. olim Cardinalis Sirleto, Ioannis ducis ab Altaemps, Cardinalis P. Ottoboni[50]. Vat

Venetus Mus. Correr Cicogna 912 (849), chart., foll. 97, versuum 30, anno 1475 Romae scriptus. Ven

Vaticanus Chisianus H. V. 173, membran., foll. 123, versuum 23, saeculi XV. manus correctrix W^c Pomponii Laeti est[51]. W

2.4. consensum eorum, quae quoque loco exstant, florilegiorum siglo f designavi. lectiones singulares omisi. f

Atrebatensis 64, saeculi XIII, olim Iacobi Arondelli, fol. 14. a

Budensis Bibl. Nat. 337, saeculi XV, foll. 21v et 22r. b

Parisiensis Bibl. Nat. 8089 (olim Puteanus), saeculi XV, p. 36sq. c

Berolinensis Deutsche Staatsbibl. Diez. B Sant. 60, saeculi XIV, fol. 29r. d

Escorialensis Q. I. 14, saeculi XIII vel XIV, fol. 19. e

Parisiensis Bibl. Mazarin. 3863 (497), saeculi XV, fol. 12. m

Oxoniensis Bodleianus Addit. A. 208, saeculi XIII, fol. 37r. o

---

50 Pellegrin 602sq.

51 Pellegrin 327sq.

Parisiensis Bibl. Nat. 7647, saeculi XII vel XIII, fol. 49. p

Trecensis Bibl. Municip. 2013, saeculi XV, fol. 31v. t

Singula florilegia continent haec:

a c e m p: 1,22sq. 76sq. 39. 248sq. 320–334. 579–581. 584–596; 2,43–46. 59sq. 117–122. 263sq.; 3,364sq.; 4,622. 623. 744; 5,324. 536. 540; 6,200. 513sq.; 7,227–229 (228b et 229 om. m). 416. 435. 511–514.

t: 1,76sq. 39. 248sq. 326; 2,263sq.; 3,364sq.; 4,622. 623; 5,324. 536. 540; 6,200. 513sq.; 7,227–229. 416; 8,408sq.

b: 1,76sq. 579–581. 584–585a. 586b-587a; 2,43–46. 59sq. 117–122. 263sq.; 4,622; 5,536; 6,513sq.; 7,416. 435.

d: 3,364sq.; 4,623; 5,324; 7,416; 8,408sq.

o: 1,76sq. 39; 5,324; 7,416.

3. Ex erroribus codicum potiorum significativis supra enumeratis, quibus vinculis codices inter se coniuncti sint, colligitur:

3.1. Omnes codices ex uno archetypo ω multis iam depravato corruptelis originem ducunt. in omnibus enim, qui sunt in manibus, errores inveniuntur coniunctivi hi: ω

a) lacunae: 1,130. 132. 227. 420. 497; 2,227. 322. 535; 3,298; 4,4. 29. 65. 196. 396. 417. 682; 5,11. 67. 72. 197. 233. 287. 373. 409. 440. 651; 6,78. 102. 300. 666; 7,24. 83. 174. 501. 521sq.; 8,83. 214. 286sq. 452. 458. 466.

b) transpositiones: 1,308. 403–410. 822; 3,25; 4,213; 5,426. 584–586; 7,276–283. 296; 8,136–185. 460.

Versus interpolatos (1,410 et 6,31sq.) et verba corrupta praetereo.

Speciem archetypi adumbravit Politianus, quem secutus totum codicem restitui[52]. constitit foliis scriptis 113, in singulis foliis quinquagenos versus praebuit. quaterniones tredecim (foll. 1-104 = 1,1 - 8,10) secutus est quinio (foll. 105-114) cuius folia ita conglutinata erant, ut fol. 107 (= 8,136-185) inter folia 111 et 112 insertum sit.

Cum fol. 113v spatium 17 versuum totumque fol. 114 vacuum fuerit, iam ante archetypum scriptum libros Valeri temporum iniquitate mutilatos fuisse verisimillimum est[53].

Quaerentem qua aetate confectus sit archetypus eum ut alios codices Bobienses saeculo quinto vel sexto scriptum esse docet P. L. Schmidt[54].

3.2. Corruptelarum numerus in codicibus vetustis V et S valde augetur, non item in codice Laurentiano L.

addunt inter alia haec VS:

a) versus omissi: 1,45; 2,565A.

b) transpositiones: 1,56; 2,273-275; 3,404.

Multa iam scripta sunt[55] de necessitudine, quae inter V et S intercedit; omnia eo vitio laborant, quod multis locis prorsus incertum est, quae verba vel litteras prima manu scriptas Sangallensis deperditus exhibuerit.

---

52 apud Schmidt 249sq.

53 Schmidt 249.

54 archetypum coenobii S. Columbani fuisse (quod suspicatus erat Ehlers 1, 106) et saec. V vel VI scriptum esse docet Schmidt 251.

55 Getty 23-33. Courtney XX-XXIV. Ehlers 1,32-40. Schmidt 245.

Codicem Vaticanum non e Sangallensi fluxisse eo demonstratur, quod Sangallensis saeculo fere post scriptus videtur, quod dimidiatum tantum Valerium exhibuit (vv. 1,1 - 4,317), quod multis gravissimis erroribus separativis scatet (ut aliquot exempla afferam: om. 1,393-442; 2,240. 1,5 *conscia* : *concita* S. 42 *audis* : *avidus* S. 140 *insanus* : *infamis* S. 385 *vittataque* : *victa quoque* S.

Sangallensem Vaticani gemellum fuisse et ex eodem α
hyparchetypo (quem α appellavi) fluxisse post alios demonstraverunt Getty, Ehlers, Schmidt[56]. uterque enim codex quinquaginta versus aut omisit (S 1,393-442) aut iteravit (V 2,213-262). Cum V in singulis paginis 19-23 versus exhibeat, causam versuum in codice Sangallensi omissorum non Vaticanum fuisse, sed codicem quendam XXV versus in paginis complectentem verisimillimum est.

Certissima argumenta, quibus nisi Kramer et Courtney S e V fluxisse contenderunt, aut invalida aut ambigua esse confirmavi[57]. sed lectiones codicum V et S comparanti, cur haud semel S genuinam lectionem, LV contra corruptam praebeant, requirendum est. Courtney ad hanc rem explicandam Sangallensem fortasse e fonte meliore hausisse opinatur[58]. codicum necessitudine recte perspecta ut V et L, ita etiam S solum archetypi litteras servare potuisse patet. pluribus autem locis S lectiones praebet quas coniecturas censeo, sed cum nesciamus, quo anno scriptus quot quibusque locis postea correctus sit S et quae tandem Poggius eiusque amici mutaverint concordes, certum iudicium proferre non licet.

---

56 cf. n. 55.

57 Ehlers 1, 32-40.

58 Courtney IX. XXIIIsq.

3.3. Cum Laurentianum L manu Nicolai Niccoli exaratum fontem omnium recentiorum esse (permirum) consentiamus, num L e V descriptus sit quaeramus. omnia quae iam fusius disputavi[59] recoquenda non puto. L non e V fluxisse eo docemur, quod L neque corruptelis Vaticani neque Sangallensis neque eorum exemplaris α affectus est. contra L versus genuinos servat, quos α aut V omisit (1,45; 2,565A; 7,579–580; 8,463A), versus in α aut V transpositos suis locis praebet (1,56; 2,273–275; 3,404; 6,228), numerum corruptelarum multo minorem exhibet quam V aut S.

Quibus rebus commotus iam in libello meo Vaticanum solum ducem editori esse pernegavi. alterum codicem vetustiorem postulavi, qui Laurentianum procreavit. tandem Angelus Politianus[60] in Centuriae miscellaneorum secundae capite altero nos docuit omnes se illum codicem vetustissimum vidisse, quem ipse fontem omnium qui essent in manibus codicum putaret.

3.4. Florilegia quotquot exstant ex uno fonte emanasse con- f
stat, cum in verbis eligendis, mutandis, addendis fere consentiant[61]. illi quasi archiflorilegio f equidem fidem non habeo, cum ei, qui flores excerpsit conscripsitque, corrupta suo arbitrio emendanda fuerint. qua de causa mea quidem sententia f ne iis quidem locis traditionem incorruptam praebet, ubi editores lectionem in textum accipere solent (1,330. 331; 7,229. 513). nam praeter 1,331 correctiones sunt leviores et illud *pontumque polumque* e versibus 1,586sq. *polumque infelixque fretum* arcessitum iudico. unde florilegii auctor Valeriana petiverit, incertum. f corruptelis, quibus aggregetur aliis codicibus, affectum non est.

---

[59] Ehlers 1, 44–83.
[60] cf. n. 6.
[61] Ullman, Classical Philology 26, 1931, 21–30. Ehlers 1, 107–113.

3.5. Ad necessitudines, quae inter codices V S L intercedant, plane simpliciterque illustrandas stemma erroribus significativis aliquot auctum usui fore spero lectoribus:

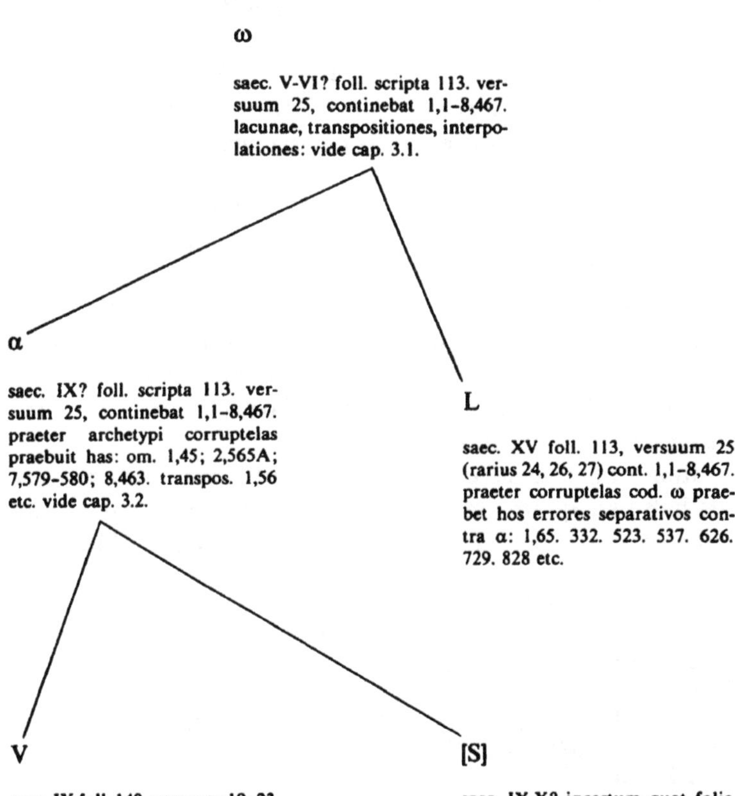

4.1. Valeri Flacci libri octo uno tantum codice litteris ut videtur semiuncialibus scripto[62] servati in medium aevum pervenerunt. quem codicem in monasterio Bobiensi[63] latuisse verisimile est. saeculo nono ineunte apographon eius confectum est, quod et codicem nunc Vaticanum inter annos 830 et 850 exaratum et postea Sangallensem procreavit. hyparchetypum α ergo e coenobio S. Columbani primo Fuldam translatum, deinde apographo V facto fortasse iam mutilum in monasterium Sancti Galli pervenisse et ibi secundo apographo confecto (S) perisse verisimile videtur. α

4.2. Antiquis temporibus neminem praeter Quintilianum neque Valeri Flacci neque carminis eius mentionem fecisse constat. sed iam primo saeculo exeunte Papinius Statius[64] Siliusque Italicus[65] permultis locis eum imitati sunt. Terentianus Maurus[66] certe non unum solum versum cognovit, deinde saeculis V et VI Claudius Claudianus[67], Blossius Aemilius Dracontius[68], Claudius Marius Victor[69] carminibus Valerianis usi sunt.

Item in medio aevo plures Argonauticon libros ante oculos habuisse quam crediderint priores pro certo habeo. saeculis enim XIII et XIV Ioseph Iscanus[70], Lovati[71], Mussato[72]

---

[62] me quidem iudice litterarum permutationes, quae in L α inveniuntur, archetypum litteris maiusculis non esse scriptum docent. cf. Schmidt 251 n. 3.

[63] cf. n. 54.

[64] Schenkl, Sitzungsberichte d. Kais. Akad. d. Wiss. in Wien, Phil.-hist. Kl. 68, 1871, 303 n. 11.

[65] Schenkl ibid.

[66] Ter. Maurus 1286 *habent sua fata libelli* aperte Val. Flacc. 5,676 *habent quoniam sua fata furores* imitatus est.

[67] Schenkl (supra n. 64) 306 n. 12.

[68] Ehlers, Lustrum 16, 1971-72, 127.

[69] Schenkl (supra n. 64) 306 n. 12.

[70] Ehlers (cf. n. 68) 140.

[71] Billanovich, Italia medioevale e umanistica 1, 1958, 178sq.

[72] ibid.

et fortasse Chaucer[73], certe iam antea is, qui flores excerpsit, Argonautica legerunt, priusquam Poggius 1416 in Sancti Galli monasterio dimidium supra tres libros repperit.

4.3. Poggius, cum ipse eiusque amici Valerium transcribendum curassent, Valeri apographon manu sua scriptum Nicolao Niccoli Florentiam misit[74], qui ut videtur paulo post totum Valerium usque eo Bobii latentem nactus codicem Poggianum non transcripsit, sed eo ad codicem vetustissimum vel apographon suum corrigendum usus esse videtur.

Quae adhuc de codice Vaticano eiusque fato scripserint Sabbadinium secuti, falsa esse apparet ex eo quod Italis ante annum 1519, quo anno Pius Vaticano usus sit, notitia Vaticani fuit nulla[75]. contra ea, quae de Vaticano dicta sunt, de ipso archetypo dici oportere constat. quo codice vetustissimo post Nicolaum Florentinum numquam usos esse viros doctos praeter unum Politianum facile intellectu: omnes enim codices saeculorum XV et XVI e Laurentiano L aut eius apographis fluxerunt.

5. Apparatum neque negativum neque positivum sed perspicuum imprimendum curavi. quisquiliis neglectis in apparatum recepi lectiones archetypi ω omnes, lectionum codicum L et α plurimas, lectiones florilegii f omnes. quo apparatu et quae tradita sint et quo tempore viri docti corrupta emendaverint, ad oculos demonstratum iri spero. Italos omnino non spernendos esse lector videbit.

---

[73] Courtney VIIsq.
[74] Ehlers 1, 24. 45.
[75] Ehlers 1, 102-106.

In testibus lectionis cuiusdam citandis eum nominare conabar qui me iudice primus lectionem laudatam exhibet quique quo anno scriptus sit non ignoratur. me his in rebus errare posse non nescius hanc tamen rationem *Italis, deterioribus, recentioribus,* ς vel aliis eiusmodi insidiis praeferendam censeo. ne lectores siglo *B-1474* (i. e. editio princeps) saepissime in apparatu citato seducerentur, hanc editionem inter lectiones allatas permultis iisque gravissimis erroribus depravatam esse moneo.

Cum codicem Sangallensem lectionem archetypi paucis quidem locis solum servasse negari non possit, iis locis, ubi S lectionem in textum receptam (sive genuinam sive fortasse correctam - ut 1,48. 58. 82. 91 et saepius) praebet, consensum codicum L et V non siglo ω, sed duabus litteris LV designavi, quamquam lectiones plurimas codicis S coniecturae deberi persuasum habeo. eadem fere ratione, quibus locis rarissimis Vaticanus genuina solus servavit, siglis LS usus sum. errores separativos codicum S et V plerumque omisi.

Uncis ⟨ ⟩ [ ] usus sum, quibus locis duas pluresve litteras addendas secludendasve putavi.

In nominibus propriis Graecis flectendis scribendisque Housmannum[76] secutus sum.

Cetera ad certam normam redigi non posse arbitratus, ne ipsi Valerio vim afferrem, archetypi litteras grammaticae non repugnantes plerumque servavi[77]. ut in versibus ita in litteris tradendis Laurentianus codex Vaticano longe praestat. orthographica maioris momenti in apparatu invenies, leviora omisi.

---

[76] Journal of Philology 31, 1910, 236–266 = Classical Papers 817–839.

[77] ut in acc. plur. reddendo *-is* formam in archetypo raro traditam.

Quod ad verborum corruptelas attinet, indicem utilissimum a Courtney confectum (praef. XXXII-XLVI) non archetypum ω, sed quasi nepotem eius Vaticanum spectare moneo.

Palaeographica, quibus quo modo orta sit corruptela indicetur, nullius pretii lectori perito putavi, qui cum apparatu utatur ipse videbit cur scriba nolens volensve aberraverit, litteras omiserit, addiderit, depravarit.

In coniecturis admittendis vel lectionibus defendendis saepe id mihi ante oculos posui Valerium nostrum multa mirabilia habere neque Ovidium perpolitum fuisse. non semel analogia sive neglecta sive non reperta tradita servavi nimio fortasse anomaliae studio commotus (ut e. g. 2,572 ubi Politiano auctore *noctem duriam* admisi, quamquam duplicem metonymiam non facile intellegendam esse concedo).

numeros versuum inveteratos aliquot locis invitus recepi, sed numeris margini appositis non semper ordinem versuum, quem archetypus praebuit, expressum esse memoria teneatur. inter eos versus 2,565A et 8,463A ut 1,45 et 7,579-780 genuini; reliquos (3,77; 4,196; 6,78; 7,633) ut interpolatos non debuerunt numerare editores.

Inter editiones inde ab anno 1474 impressas longe praestat Heinsiana (1680, cum notis 1702 et saepius); multa me editionibus virorum doctissimorum Thilo Langen Kramer Courtney debere patet.

In hac editione conficienda praeter alios Josef Delz Basileensem, Michael D. Reeve Oxoniensem, praefectos bibliothecarum cum omnium tum Mediceae Laurentianae nec non Apostolicae Vaticanae, universitatem Hamburgensem, quae liberaliter Romam Florentiam Genavam adeundi fecit potestatem, Wiebke Schaub Tubingensem me adiuvisse grato animo confiteor.

Hamburgi Idibus Martiis A. D. MCMLXXVIII W. W. E.

INDEX NOMINUM QUAE IN APPARATU LAUDANTUR

Baehrens — Emil Baehrens, ed. Teubneriana, Lipsiae 1875.

Baehrens 1 — id., Jahrbücher für Klassische Philologie, hrsg. von A. Fleckeisen, 105, 1872, 197–204.

Bailey — David Roy Shackleton Bailey, Harvard Studies 81, 1977, 199–215.

Balbus — Laurentius Balbus, ed. Compluti 1524.

Barbarus — Hermolaus Barbarus, Castigationes Plinianae, Romae 1492–93. *librum et caput Plinianum cito.*

Barth — Caspar von Barth in ed. Stati Thebaidos, Cygneae 1664; *cuius librum et versum cito.*

Barth 1 — id., Adversariorum commentariorum libri LX, Francofurti 1624; *librum et caput cito.*

Burman — Pieter Burman, ed. Leidensis 1724 (cum adnot. variorum).

Bury — John B. Bury, ed. Londiniensis 1900 (Corpus Poetarum Latinorum, ed. Postgate, 2).

Carrio — Ludovicus Carrio, edd. Antverpienses Plantinianae 1565 et 1566.

Caussin — Jean Baptiste Jacques Antoine Caussin de Perceval, apud Lemaire: cf. Courtney LV.

Columbus — Ioannes Columbus, apud Burmannum.

Courtney — Edward Courtney, ed. Teubneriana, Lipsiae 1970.

Courtney 1	id., Classical Review 11, 1961, 106-107.
Courtney 2	id., ibid. 12, 1962, 115-118.
Courtney 3	id., ibid. 15, 1965, 151-155.
Delz	Josef Delz, Museum Africum 5, 1976, 96-100.
Delz 1	id., Museum Helveticum 32, 1975, 157-166.
Dureau	Adolphe Dureau Delamalle, ed. Parisiis 1811.
Ehlers	Widu-Wolfgang Ehlers in hac editione.
Ehlers 1	id., Untersuchungen zur handschriftlichen Überlieferung der Argonautica des C. Valerius Flaccus, München 1970 (Zetemata 52).
Ehlers 2	id., Lustrum 16, 1971-72, 105-142. 306-308.
Fontius	Bartholomaeus Fontius (della Fonte), In De locis Persianis, 1488 (*non vidi*), cf. C. Marchesi, Bartolommeo della Fonte, Catania 1900, et cod. A.
Giarratano	Cesare Giarratano, ed. Milano 1904.
Gronovius	Johann Friedrich Gronovius, Observationum libri I-IV, Lipsiae 1755; *librum et caput cito.*
Harles	Gottlieb (Theophilus) Christoph Harles, ed. Altenburgi 1781.
Heins(ius)	Nicolaus Heinsius, apud Burmannum.
Housman	Alfred Edward Housman in ed. M. Manilii Astronomicon, ed. 2, Cantabrigiae 1937; *cuius librum et versum cito.*
Jacobs 1	Friedrich Jacobs, Allgemeine Literatur-Zeitung 1807, 1,201.
Jacobs 2	id. in: Miscellanea Philologica, ed. A. Matthiae, Ed. 2, Vol. 1, Lipsiae 1809, 72-93.
Koestlin 1	Heinrich Koestlin, Philologus 39, 1880, 33-68. 233-257. 419-458.
Koestlin 2	id., ibid. 48, 1889, 647-673.
Koestlin 3	id., ibid. 50, 1891, 320-335. 731-742.
Koster	Severin Koster, Philologus 117, 1973, 87-96.

Kramer Otto Kramer, ed. Teubneriana, Lipsiae 1913.
Langen Peter Langen, ed. Berlin 1896-97 (cum commentario).
Lemaire Nicolas Eloi Lemaire, ed. Paris 1824-25 (cum commentario).
Leo Friedrich Leo, Göttingische Gelehrte Anzeigen 1897, 953-976 = Ausgewählte Kleine Schriften 2, 223-248, Roma 1960.
Loehbach 1 Rudolf Loehbach, Observationes criticae, Andernach 1869.
Loehbach 2 id., Studien zu Valerius Flaccus, Neuwied 1872.
Loehbach 3 id., Bemerkungen zu Valerius Flaccus, Mainz 1876.
Mas(erius) Aegidius Maserius (Gilles Masier), edd. Parisienses 1517 et 1519 (cum commentario).
Meyncke 1 Gustav Meyncke, Quaestiones Valerianae, Bonn 1865.
Meyncke 2 id., Rheinisches Museum für Philologie 22, 1867, 362-376.
Mozley John Henry Mozley, corr. ed. London 1936.
Nováková Julie Nováková, Umbra, Berlin 1964.
D'Orville Jacques Philippe D'Orville in Comm. ad Charitonis Aphrodisiensis de Chaerea et Callirrhoe amatoriarum narrationum libros VIII, Amstelodami 1750. *cuius librum et caput cito.*
Parrhasius Aulus Ianus Parrhasius, cf. supra cod. E.
Pius Ioannes Baptista Pius, ed. Bononiae 1519 (cum commentario).
Pomponius Iulius Pomponius Laetus, cf. supra n. 44.
Sabellicus Marcus Antonius Sabellicus, Adnotationes, Venetiis 1502.

Sandstroem	Carl Engelbrecht Sandstroem, Emendationes in Propertium, Lucanum, Valerium Flaccum, Upsaliae 1878.
Schenkl	Karl Schenkl, ed. Weidmanniana, Berlin 1871.
Schenkl 1	id., Sitzungsberichte d. Kais. Akademie d. Wissenschaften in Wien, Phil.-hist. Kl. 68, 1871, 271-382.
Schenkl 2	id., Wiener Studien 5, 1883, 139-143.
Schrader 1	Iohannes Schrader, Observationum liber, Franeker 1761.
Schrader 2	id., apud Moriz Haupt, Hermes 2, 1867, 142.
Schrader 3	id., apud W. V. Clausen, Mnemosyne Ser. 4, 8, 1955, 49-52.
Strand	Johnny Strand, Notes on Valerius Flaccus' Argonautica, Stockholm 1972.
Stroh	Hans Stroh, Studien zu Valerius Flaccus, Augsburg 1905.
Sudhaus	Siegfried Sudhaus, apud Kramer.
Summers	Walter C. Summers, A Study of the Argonautica of Valerius Flaccus, Cambridge 1894.
Thilo	Georg Thilo, ed. Halle 1863.
Turnebus	Adrianus Turnebus, Adversariorum tomi I-III, Parisiis 1564-73; *quorum librum et caput cito.*
Vossius	Gerardus Vossius, apud Burmannum.
Wagner	Johann Augustin Wagner, ed. Göttingen 1805 (cum commentario perpetuo).
Wagner 1	Philipp Wagner, Philologus 20, 1863, 617-647.
Wagner 2	id., Jahrbücher für Klassische Philologie, hrsg. von A. Fleckeisen, 89, 1864, 382-408.

SIGLA

ω exemplar codicum L α

L Laurentianus plut. 39,38, saec. XV

α exemplar codicum VS

V Vaticanus Latinus 3277, saec. IX

S Sangallensis deperditus restituitur e tribus apographis saec. XV: X, exemplari codicis Π, exemplari codicum OQMal.

- X Matritensis 8514 (P eius apographon Vat. Lat. 1613)
- Π Vaticanus Latinus 1614
- O Vaticanus Ottobonianus 1258
- Q Oxoniensis coll. Reg. 314
- Mal Malatestianus Aesinas S. XII 3

f consensus florilegiorum quae quoque loco exstant

reliqua sigla sunt eliminandorum; ad quos vide praefationis caput 3. quorum e numero saepius citantur M (ante a. 1451), Vat (a. 1463), B-1474, F-1481, R (a. 1488), B-1498.

L^{1} correctiones scribae ipsius

L^{2} correctiones alterius manus

L^{c} correctiones manus recentioris

L^{x} correctiones incertae manus

L^{ac} lectio ante correcturam

L^{ac1} lectio ante correctionem ipsius scribae

L^{ar} lectio ante rasuram

L^{pr} lectio post rasuram

⟨ ⟩ addenda

[ ] delenda

† † nondum emendata

* rasura unius litterae

C. VALERI FLACCI SETINI BALBI

ARGONAUTICON LIBER PRIMUS

Prima deum magnis canimus freta pervia natis
fatidicamque ratem, Scythici quae Phasidis oras
ausa sequi mediosque inter iuga concita cursus
rumpere flammifero tandem consedit Olympo.
Phoebe, mone, si Cumaeae mihi conscia vatis
stat casta cortina domo, si laurea digna
fronte viret, tuque o pelagi cui maior aperti
fama, Caledonius postquam tua carbasa vexit
Oceanus Phrygios prius indignatus Iulos,
eripe me populis et habenti nubila terrae,
sancte pater, veterumque fave veneranda canenti
facta virum: versam proles tua pandit Idumen,
namque potest, Solymo nigrantem pulvere fratrem
spargentemque faces et in omni turre furentem.
ille tibi cultusque deum delubraque genti
instituet, cum iam, genitor, lucebis ab omni
parte poli neque erit Tyriae Cynosura carinae
certior aut Grais Helice servanda magistris.
seu tu signa dabis seu te duce Graecia mittet
et Sidon Nilusque rates: nunc nostra serenus
orsa iuves, haec ut Latias vox impleat urbes.

Inscr.:om. V, *postea abscisa in* L   GAI (GAGI S) VALERI FLACCI SETINI BALBI (BALBI SETINI S) ARGONAUTICON LIBER PRIMUS INCIPIT S A U M

1 natis N *V-1523* : nautis ω   5 cum- XΠ^{pr} : cym- ω   10 habenti *B-1474* : habent ω   11sqq. *vide Ehlers 2, 113-116. 124sq.*   13 potest X^{c} T : potes ω   16 iam L : tu S : *om.* V   ab omni *susp.*   17 erit *Heins.* : in ω   Tyriae .. carinae *Heins.* : -as .. -as ω   19sq. *cf. Ehlers 2, 115*

Haemoniam primis Pelias frenabat ab annis,
iam gravis et longus populis metus. illius amnes
Ionium quicumque petunt, ille Othryn et Haemum
atque imum felix versabat vomere Olympum.
sed non ulla quies animo fratrisque paventi
progeniem divumque minas. hunc nam fore regi
exitio vatesque canunt pecudumque per aras
terrifici monitus iterant; super ipsius ingens
instat fama viri virtusque haud laeta tyranno.
ergo anteire metus iuvenemque exstinguere pergit
Aesonium letique vias ac tempora versat,
sed neque bella videt Graias neque monstra per urbes
ulla: Cleonaeo iam tempora clausus hiatu
Alcides, olim Lernae defensus ab angue
Arcas et ambobus iam cornua fracta iuvencis.
ira maris vastique placent discrimina ponti.
tum iuvenem tranquilla tuens nec fronte timendus
occupat et fictis dat vultum et pondera dictis.
'hanc mihi militiam, veterum quae pulchrior actis,
adnue daque animum. nostri de sanguine Phrixus
Cretheos ut patrias audis effugerit aras.
hunc ferus Aeetes, Scythiam Phasinque rigentem
qui colit - heu magni Solis pudor! -, hospita vina
inter et attonitae mactat sollemnia mensae
nil nostri divumque memor. non nuntia tantum
fama refert: ipsum iuvenem tam saeva gementem,
ipsum ego, cum serus fessos sopor alligat artus,
aspicio, lacera adsiduis namque illius umbra
questibus et magni numen maris excitat Helle.
si mihi quae quondam vires, et pendere poenas

22–23 illius *exhib.* f 23 amnes *Sabellicus V-1523* : omnes ω 36 *scil. ab Hercule et ab Theseo* 38 tuens D^{c} *V-1523* : timens ω timendis L 39 fictis vultus dat et p. d. *exhib.* f 43 Aeetes *Mas.* : eta ω 45 *om.* α 48 fessus LV 49 namque] meque C 51 et *Ehlers* : vel ω

Colchida iam et regis caput hic atque arma videres.
olim annis ille ardor hebet necdum mea proles
imperio et belli rebus matura marique.
tu, cui iam curaeque vigent animique viriles,
i, decus, et pecoris Nephelaei vellera Graio
redde tholo ac tantis temet dignare periclis!'
talibus hortatur iuvenem propiorque iubenti
conticuit certus Scythico concurrere ponto
Cyaneas tantoque silet possessa dracone
vellera, multifidas regis quem filia linguas
vibrantem ex adytis cantu dapibusque vocabat
et dabat externo liventia mella veneno.
Mox taciti patuere doli nec vellera curae
esse viro, sed sese odiis immania cogi
in freta. qua iussos sectatur quaerere Colchos
arte queat: nunc aerii plantaria vellet
Perseos aut currus et quos frenasse dracones
creditus, ignaras Cereris qui vomere terras
imbuit et flava quercum damnavit arista.
heu quid agat? populumne levem veterique tyranno
infensum atque olim miserantes Aesona patres
advocet an socia Iunone et Pallade fretus
armisona speret magis et freta iussa capessat,
siqua operis tanti domito consurgere ponto
fama queat. tu sola animos mentemque peruris,
Gloria, te viridem videt immunemque senectae
Phasidis in ripa stantem iuvenesque vocantem.

56 *post* 64 α   58 hortatus L^{ac1} propriorque ω, *corr. B-1498* iuventi LV   59 certus S *praeter* X^{ac} Π^{ac} *cf. Ehlers 2, 125* : -is ω 63 liv- *B-1474* : lib- ω   externo *i. e. non suo Housman (5,478)* 65 sese] se L   66 sectatur *Haupt (Hermes 3, 1869, 212)* : sectantem ω   68 currus et quos *Haupt ibid.* : curru saevos ω   69 qui Bon *B-1498* : quo ω   74 speret *Gronov. ap. Schenkl 2* : superet ω 76-77 tu - Gloria *exhib.* f   mentesque f   78 ripas L^{ac}

tandem animi incertum confusaque pectora firmat
religio tendensque pias ad sidera palmas
'omnipotens regina,' inquit, 'quam, turbidus atro
aethere caeruleum quateret cum Iuppiter imbrem,
ipse ego praecipiti tumidum per Enipea nimbo
in campos et tuta tuli nec credere quivi
ante deam quam te tonitru nutuque reposci
coniugis et subita raptam formidine vidi,
da Scythiam Phasinque mihi tuque, innuba Pallas,
eripe me! vestris egomet tunc vellera templis
illa dabo, dabit auratis et cornibus igni
colla pater niveique greges altaria cingent?'
Accepere deae celerique per aethera lapsu
diversas petiere vias: in moenia pernix
Thespiaca ad carum Tritonia devolat Argum.
moliri hunc puppem iubet et demittere ferro
robora Peliacas et iam comes exit in umbras.
at Iuno Argolicas pariter Macetumque per urbes
spargit inexpertos temptare parentibus Austros
Aesoniden, iam stare ratem remisque superbam
poscere quos revehat rebusque in saecula tollat.
Omnis avet quae iam bellis spectataque fama
turba ducum primae seu quos in flore iuventae
temptamenta tenent necdum data copia rerum.
at quibus arvorum studiumque insontis aratri,
hos stimulant magnaque ratem per lustra viasque
iussi laude canunt manifesto in lumine Fauni
silvarumque deae atque elatis cornibus Amnes.
Protinus Inachiis ultro Tirynthius Argis
advolat, Arcadio cuius flammata veneno

82 imbre LV 90 colc(h)a α 91 Accip- L V 93 ad *B-1498* : et ω 95 umbras D^{c} *V-1523* : undas ω 96 Macedumque L S 100 avet *F-1481* : habet ω : adest M^{c} fama *V-1523* : forma ω 105 iussi] *Strand 52–54* 107 Argis *B-1474* : agris ω

tela puer facilesque umeris gaudentibus arcus
gestat Hylas; velit ille quidem, sed dextera nondum
par oneri clavaeque capax. quos talibus amens
insequitur solitosque novat Saturnia questus:
'o utinam Graiae rueret non omne iuventae
in nova fata decus nostrique Eurystheos haec nunc
iussa forent. imbrem et tenebras saevumque tridentem
iamiam ego et inviti torsissem coniugis ignem.
nunc quoque nec socium nostrae columenve carinae
esse velim Herculeis nec me umquam fidere fas sit
auxiliis comiti et tantum debere superbo.'
dixit et Haemonias oculos detorquet ad undas.

Fervere cuncta virum coetu, simul undique cernit
delatum nemus et docta resonare bipenni
litora. iam pinus gracili dissolvere lamna
Thespiaden iungique latus lentoque sequaces
molliri videt igne trabes remisque paratis
Pallada velifero quaerentem bracchia malo.
constitit ut longo moles non pervia ponto,
puppis et ut tenues subiere latentia cerae
lumina, picturae varios super addit honores.
hic sperata ⟨⏑ –⟩ Tyrrheni tergore piscis
Peleos in thalamos vehitur Thetis; aequora delphin
corripit, ⟨ipsa⟩ sedet deiecta in lumina palla
nec Iove maiorem nasci suspirat Achillen.
hanc Panope Dotoque soror laetataque fluctu
prosequitur nudis pariter Galatea lacertis
antra petens; Siculo revocat de litore Cyclops.
contra ignis viridique torus de fronde dapesque
vinaque et aequoreos inter cum coniuge divos
Aeacides pulsatque chelyn post pocula Chiron.

113 grueret α 114 nostrisque L^{ac} 116 torrissem α 117 quoque *susp.* 124 iungique *B-1474* : -itque ω 130 *e. g.* ⟨deo⟩ *Kramer* 132 ⟨ipsa⟩ *Baehrens* corripuit S 133 Achillen *Thilo* : -em ω : -e $V^{ac\,l}$

parte alia Pholoe multoque insanus Iaccho
Rhoecus et Atracia subitae de virgine pugnae.
crateres mensaeque volant araeque deorum
poculaque, insignis veterum labor. optimus hasta
hic Peleus, hic ense furens agnoscitur Aeson.
fert gravis invito victorem Nestora tergo
Monychus, ardenti peragit Clanis Actora quercu.
nigro Nessus equo fugit adclinisque tapetis
in mediis vacuo condit caput Hippasus auro.
　Haec quamquam miranda viris stupet Aesone natus,
at secum: 'heu miseros nostrum natosque patresque!
hacine nos animae faciles rate nubila contra
mittimur? in solum nunc saeviet Aesona pontus?
non iuvenem in casus eademque pericula Acastum
abripiam? invisae Pelias freta tuta carinae
optet et exoret nostris cum matribus undas.'
　Talia conanti laevum Iovis armiger aethra
advenit et validis fixam gerit unguibus agnam.
at procul e stabulis trepidi clamore sequuntur
pastores fremitusque canum; citus occupat auras
raptor et Aegaei super effugit alta profundi.
accipit augurium Aesonides laetusque superbi
tecta petit Peliae. prior huic tum regia proles
advolat amplexus fraternaque pectora iungens.
ductor ait: 'non degeneres, ut reris, Acaste,
venimus ad questus: socium te iungere coeptis
est animus neque enim Telamon aut Canthus et Idas
Tyndareusque puer mihi vellere dignior Helles.
o quantum terrae, quantum cognoscere caeli
permissum est, pelagus quantos aperimus in usus!

141 Rhoecus *Parrh. ep. 2* : -tus ω Atracia *B–1474* : trac(h)ia S L^1 : racia LV 146 Actora Vat *V–1523* : auctora ω 148 hispasus α 149sq. *dist. Bailey* 150 at *Heins.* : et ω 153 Acastum *B–1474* : castum ω 156 iactanti *Braun Observ. crit., Marburg 1869, 11.* 157 gerit M^2D^c : ergit ω : erigit *B–1474* 166 candus α

nunc forsan grave reris opus, sed laeta recurret
cum ratis et caram cum iam mihi reddet Iolcon,
quis pudor heu nostros tibi tunc audire labores,
quae referam visas tua per suspiria gentes!'
  Nec passus rex plura virum 'sat multa parato
in quaecumque vocas. nec nos,' ait 'optime, segnes
credideris patriisve magis confidere regnis
quam tibi, si primos duce te virtutis honores
carpere, fraternae si des adcrescere famae.
quin ego, nequa metu nimio me cura parentis
impediat, fallam ignarum subitusque paratis
tunc adero, primas linquet cum puppis harenas.'
dixerat. ille animos promissaque talia laetus
accipit et gressus avidos ad litora vertit.
  At ducis imperiis Minyae monituque frequentes
puppem umeris subeunt et tento poplite proni
decurrunt intrantque fretum; non clamor anhelis
nauticus aut blandus testudine defuit Orpheus.
tum laeti statuunt aras. tibi, rector aquarum,
summus honor, tibi caeruleis in litore vittis
et Zephyris Glaucoque bovem Thetidique iuvencam
deicit Ancaeus: non illo certior alter
pinguia letifera perfringere colla bipenni.
ipse ter aequoreo libans carchesia patri
sic ait Aesonides: 'o qui spumantia nutu
regna quatis terrasque salo complecteris omnes,
da veniam! scio me cunctis e gentibus unum
inlicitas temptare vias hiememque mereri:
sed non sponte feror nec nunc mihi iungere montes
mens †tamen† aut summo deposcere fulmen Olympo.

173 quae *Sandstroem* : quam ω 174 stat $L^{ac}V$ 176 c. et p. V^{ac} L^{ac} 178 si des Q^{c} *Carrio* : sede ω 180 paratis *B-1474* : -tus ω 184 Minyae L^{1} S *praeter* X^{ac} : Mynae ω 190 iuvencam Ven *V-1523* : -cum ω 196 e gent-] agent- V 197 mereri $SL^{1}V^{1}$: merere V, vereri L 199 tamen] avet Ha, Iovis *Ehlers*

ne Peliae te vota trahant! ille aspera iussa
repperit et Colchos in me luctumque meorum.
illum ego – tu tantum non indignantibus undis
hoc caput accipias et pressam regibus alnum.'
sic fatus pingui cumulat libamine flammam.
  Protulit ut crinem densis luctatus in extis
ignis et escendit salientia viscera tauri,
ecce sacer totusque dei per litora Mopsus
immanis visu vittamque comamque per auras
surgentem laurusque rotat. vox reddita tandem,
vox horrenda viris. tum facta silentia vati.
'heu quaenam aspicio? nostris modo concitus ausis
aequoreos vocat ecce deos Neptunus et ingens
concilium. fremere et legem defendere cuncti
hortantur. sic amplexus, sic pectora fratris,
Iuno, tene tuque o puppem ne desere, Pallas:
nunc patrui, nunc flecte minas! cessere ratemque
accepere mari. per quot discrimina rerum
expedior! subita cur pulcher harundine crines
velat Hylas? unde urna umeris niveosque per artus
caeruleae vestes? unde haec tibi vulnera, Pollux?
quantus io tumidis taurorum e naribus ignis!
tollunt se galeae sulcisque ex omnibus hastae
et iam iamque umeri. quem circum vellera Martem
aspicio? quaenam aligeris secat anguibus auras
caede madens? quos ense ferit? miser, eripe parvos,
Aesonide! cerno et thalamos ardere iugales!'
  Iamdudum Minyas ⟨⏔ –⟩ ambage ducemque
terrificat; sed enim contra Phoebeius Idmon

202 illum ego – tu] illu (-o S) metu α   208 vittamque L^{1} : vitamque ω   211 concitus Mal : -tos ω   213 *cf. Strand 58sq.*   214 amplexu *Heins.*   217 accipere L, accipe V   219 (h)umeris L^{1} : numeris LV, numeros S   per artus X^{1} *B-1474* : paratus ω   226 et] en *V-1523*   227 *lac. aut ante aut post* Minyas; *e. g.* ⟨vates⟩ L^{c} minsas α   ambige α   ducemque L^{c} : -umque ω   228 Idimon LV

non pallore viris, non ullo horrore comarum
terribilis, plenus fatis Phoeboque quieto,
cui genitor tribuit monitu praenoscere divum
omina, seu flammas seu lubrica comminus exta
seu plenum certis interroget aera pinnis,
sic sociis Mopsoque canit: 'quantum augur Apollo
flammaque prima docet, praeduri plena laboris
cerno equidem, patiens sed quae ratis omnia vincet.
ingentes durate animae dulcesque parentum
tendite ad amplexus!' lacrimae cecidere canenti
quod sibi iam clausos invenit in ignibus Argos.
Vix ea fatus erat, iungit cum talia ductor
Aesonius: 'superum quando consulta videtis,
o socii, quantisque datur spes maxima coeptis,
vos quoque nunc vires animosque adferte paternos.
non mihi Thessalici pietas culpanda tyranni
suspective doli: deus haec, deus omine dextro
imperat; ipse suo voluit commercia mundo
Iuppiter et tantos hominum miscere labores.
ite, viri, mecum dubiisque evincite rebus
quae meminisse iuvet nostrisque nepotibus instent.
hanc vero, socii, venientem litore laeti
dulcibus adloquiis ludoque educite noctem!'
paretur. molli iuvenes funduntur in alga
conspicuusque toris Tirynthius. exta ministri
rapta simul veribus Cereremque dedere canistris.
Iamque aderat summo decurrens vertice Chiron
clamantemque patri procul ostendebat Achillen.
ut puer ad notas erectum Pelea voces
vidit et ingenti tendentem bracchia passu,
adsiluit caraque diu cervice pependit.

229 cumarum α 232 lubrica . . exta] lubri . . exit LV 236 omina LV 242 tantisque J *Heins.* 248sq. ite – iuvet *exhib.* f 249 instent L : istem α 252 fund- *B–1474* : fung- ω 256 ostendebat M^{2} : -derat L (ω), -deret V, -tarat S

illum nec valido spumantia pocula Baccho
sollicitant veteri nec conspicienda metallo
signa tenent: stupet in ducibus magnumque sonantes
haurit et Herculeo fert comminus ora leoni.
laetus at impliciti Peleus rapit oscula nati
suspiciensque polum 'placido si currere fluctu
Pelea vultis' ait 'ventosque optare ferentes,
hoc, superi, servate caput! tu cetera, Chiron,
da mihi! te parvus lituos et bella loquentem
miretur; sub te puerilia tela magistro
venator ferat et nostram festinet ad hastam.'
omnibus inde viae calor additus; ire per altum
magna mente volunt. Phrixi promittitur absens
vellus et auratis Argo reditura corymbis.
Sol ruit et totum Minyis laetantibus undae
deduxere diem. sparguntur litore curvo
lumina nondum ullis terras monstrantia nautis.
Thracius hic noctem dulci testitudine vates
extrahit, ut steterit redimitus tempora vittis
Phrixus et iniustas contectus nubibus aras
fugerit Inoo linquens Athamanta Learcho;
aureus ut iuvenem miserantibus intulit undis
vector et adstrictis ut sedit cornibus Helle.
septem Aurora vias totidemque peregerat umbras
luna polo dirimique procul non aequore visa
coeperat a gemina discedere Sestos Abydo.
hic soror Aeoliden aevum mansura per omne
deserit, heu saevae nequiquam erepta novercae!
illa quidem fessis longe petit umida palmis
vellera, sed bibulas urgenti pondere vestes
unda trahit levique manus labuntur ab auro.

266 vultus LV 269 miretur L^c : me- ω 271 viae] me LV 275 dedux- OQ Mal : didux- ω 284 visa *B-1498* : iussa ω 285 disced- M^2 *B-1498* : discend- ω Aboedo LV 287 saevae nequiquam] seu venae quiquam L^{ac}V

quis tibi, Phrixe, dolor, rapido cum concitus aestu
respiceres miserae clamantia virginis ora
extremasque manus sparsosque per aequora crines!
Iamque mero ludoque modus positique quietis
conticuere toris, solus quibus ordine fusis
impatiens somni ductor manet. hunc gravis Aeson
et pariter vigil Alcimede spectantque tenentque
pleni oculos. illis placidi sermonis Iason
suggerit adfatus turbataque pectora mulcet.
mox ubi victa gravi ceciderunt lumina somno
visa coronatae fulgens tutela carinae
vocibus his instare duci: 'Dodonida quercum 302
Chaoniique vides famulam Iovis. aequora tecum 308
ingredior nec fatidicis avellere silvis 303
me nisi promisso potuit Saturnia caelo.
tempus adest: age rumpe moras, dumque aequore toto
currimus incertus si nubila duxerit aether,
iam nunc mitte metus fidens superisque mihique.' 307
dixerat. ille pavens laeto quamquam omine divum 309
prosiluit stratis. Minyas simul obtulit omnes
alma novo crispans pelagus Tithonia Phoebo.
discurrunt transtris: hi celso cornua malo
expediunt, alii tonsas in marmore summo
praetemptant, prora funem legit Argus ab alta.
increscunt matrum gemitus et fortia languent
corda patrum, longis flentes amplexibus haerent.
vox tamen Alcimedes planctus supereminet omnis,
femineis tantum illa furens ululatibus obstat,
obruat Idaeam quantum tuba Martia buxum,

297 Alcimede *B-1474* : -des ω   300 lumin(a)e LV   308 *post* 302 W^c *V-1523*   Chaoniique Vat *B-1474* : Hiaionique ω   304 nisi *B-1474* : nesi ω   307 metus E^1C : manus ω   310 Minyas *B-1474* : Me- L : mensas α   312 hi *B-1474* : hic ω   314 Argus *B-1474* : arcus ω   alta *B-1474* : -o ω   317 omnis S : onus LV

fatur et haec: 'nate indignos aditure labores,
dividimur nec ad hos animum componere casus
ante datum, sed bella tibi terrasque timebam.
vota aliis facienda deis. si fata reducunt
te mihi, si trepidis placabile matribus aequor,
possum equidem lucemque pati longumque timorem.
sin aliud fortuna parat, miserere parentum,
Mors bona, dum metus est nec adhuc dolor. ei mihi, Colchos
unde ego et avecti timuissem vellera Phrixi?
quos iam mente dies, quam saeva insomnia curis
prospicio! quotiens raucos ad litoris ictus
deficiam Scythicum metuens pontumque polumque
nec de te credam nostris ingrata serenis!
da, precor, amplexus haesuraque verba relinque
auribus et dulci iam nunc preme lumina dextra!'
talibus Alcimede maeret, sed fortior Aeson
attollens dictis animos: 'o si mihi sanguis
quantus erat cum signiferum cratera minantem
non leviore Pholum manus haec compescuit auro,
primus in aeratis posuissem puppibus arma
concussoque ratem gauderem tollere remo.
sed patriae valuere preces auditaque magnis
vota deis: video nostro tot in aequore reges
teque ducem. tales, tales ego ducere suetus
atque sequi. nunc ille dies – det Iuppiter oro –,
ille super quo te Scythici regisque marisque

320 nate – *v.* 334 *exhib.* f 321 abimum L[ac1]V 327 (h)ei mihi O[c] *B-1474* : heu mihi f : a mihi X[c] : amipli ω amipli Colchos *om.* L, *add.* L[1] 330 raucos f *coll. 1, 614* : paucos ω 331 deficiamus cyth. α polumque f C *coll. 1, 586sq. dubit. recepi* : cretamque ω caelumque fretumque *Schenkl 1, 310* 332 de *om.* L, *add.* L[c] 337 signiferum M[2] : -am ω cratera M[2]Vat : -am ω minantem M[2] *V-1523* : sin autem ω 338 Pho- K[c] *V-1523* : tho- ω 342 video Chis Bon : ut deque ω; –ŏ –ŏ *susp.*

victorem atque umeros ardentem vellere rapto
accipiam cedantque tuae mea facta iuventae.'
sic ait. ille suo conlapsam pectore matrem
sustinuit magnaque senem cervice recepit.
  Et iam finis erat. Zephyrumque ratemque morantes
solverat amplexus tristi tuba tertia signo.
dant remo sua quisque viri, dant nomina transtris.
hinc laevum Telamon pelagus tenet, altior inde
occupat Alcides aliud mare, cetera pubes
dividitur. celer Asterion, quem matre cadentem
Peresius gemino fovit pater amne Cometes,
segnior Apidani vires ubi sentit Enipeus,
nititur, hinc Talaus fratrisque Leodocus urget
remo terga sui, quos nobile contulit Argos.
hinc quoque missus adest quamvis arcentibus Idmon
alitibus; sed turpe viro timuisse futura.
hic et Naubolides tortas consurgit in undas
Iphitus, hic patrium frangit Neptunius aequor,
qui tenet undisonam Psamathen semperque patentem
Taenaron, Euphemus, mollique a litore Pellae
Deucalion certus iaculis et comminus ense
nobilis Amphion, pariter quos edidit Hypso
nec potuit similes voluitve ediscere vultus.
tum valida Clymenus percusso pectore tonsa
frater et Iphiclus puppem trahit et face saeva
in tua mox Danaos acturus saxa, Caphereu,
Nauplius, et tortum non a Iove fulmen Oileus
qui gemet Euboicas nato stridente per undas

347 cedantque X^{1} *F-1481* : cedamque ω 351 amplexus M *B-1474* : -xu ω 355 cadentem *Barth ad Claudian. in Ruf. 1, 92 coll. Stat. Th. 1, 60* : carentem ω 356 Peresius *Housman (1, 576)*, Pi-*Parrh.* : crestus ω 357 Apidani *B-1474* : -da ut ω 358 Leodocus Marc Co : - decus ω 360 Idmon A^{c} *B-1498* : ida L^{1} ω : idam L 371 Caphareu LX 373 gemet B^{c} *B-1498* : -it ω

quique Erymanthei sudantem pondere monstri
Amphitryoniaden Tegeaeo limine Cepheus
iuvit et Amphidamas (at frater plenior actis
maluit Ancaeo vellus contingere Phrixi)
tectus et Eurytion servato colla capillo,
quem pater Aonias reducem tondebit ad aras.
te quoque Thessalicae, Nestor, rapit in freta puppis
fama, Mycenaeis olim qui candida velis
aequora nec stantes mirabere mille magistros.
nec Peleus fretus soceris et coniuge diva
defuit ac prora splendet tua cuspis ab alta,
Aeacide; tantum haec aliis excelsior hastis
quantum Peliacas in vertice vicerat ornos.
linquit et Actorides natum Chironis in antro,
ut socius caro pariter meditetur Achilli
fila lyrae pariterque leves puer incitet hastas.
[discat eques placidi conscendere terga magistri]
hic vates Phoebique fides non vana parentis
Mopsus, puniceo cui circumfusa cothurno
palla imos ferit alba pedes vittataque frontem
cassis et in summo laurus Peneia cono.
quin etiam Herculeo consurgit ab ordine Tydeus
Nelidesque Periclymenus, quem parva Methone
et levis Elis equis et fluctibus obvius Aulon
caestibus adversos viderunt frangere vultus.

374 -thei sudantem X^1 *B-1474* : -theis undantem ω 375 Tege(a)eo *B-1474* : tegeo ω 376sq. *susp.* actis] annis M^2 *B-1474* *lac. post* plenior *susp. Delz* 382 *sed cf. Delz* 403-410 *post* 382 *ut utraque parte eundem remigum numerum habeas, Kennerknecht (Zur Argonautensage, Bamberg 1888, 13)* 404 ac M^2 : ad ω 405 hae V aliis R^2 *V-1523* : altis ω hastis D : astis ω 407 natum M^2 *B-1474* : -tium ω 410 *susp. Schenkl 1, 280, del. Ehlers* 383 vates *B-1474* : -is ω 385 vittataque L^1 : vittaque ω fronte *Barth 2 (ad 3,566)* 389 et levis *cf. Ehlers 1, 70sq.*] felevis α oblius α

tu quoque Phrixeos remo, Poeantie, Colchos
bis Lemnon visure petis, nunc cuspide patris
inclitus, Herculeas olim moture sagittas.
proximus hinc Butes Actaeis dives ab oris;
innumeras nam claudit apes longaque superbus
fuscat nube diem dum plenas nectare cellas
pandit et in dulcem reges dimittit Hymetton.
insequeris casusque tuos expressa, Phalere,
arma geris laeva; nam lapsus ab arbore parvum
ter quater ardenti tergo circumvenit anguis,
stat procul intendens dubium pater anxius arcum.
tum caelata metus alios gerit arma Eribotes 402
et quem fama genus non est decepta Lyaei 411
Phlias immissus patrios de vertice crines.
nec timet Ancaeum genetrix committere ponto,
plena tulit quem rege maris. securus in aequor
haud minus Erginus proles Neptunia fertur,
qui maris insidias, clarae qui sidera noctis
norit et e clausis quem destinet Aeolus antris,
non metuat cui regna ratis, cui tradere caelum
adsidua Tiphys vultum lassatus ab Arcto.
taurea vulnifico portat celer a⟨spera⟩ plumbo
terga Lacon, saltem in vacuos ut bracchia ventos
spargat et Oebalium Pagaseia puppis alumnum
spectet securo celebrantem litora ludo,
oraque Thessalico melior contundere freno
vectorem pavidae Castor dum quaereret Helles
passus Amyclaea pinguescere Cyllaron herba.
illis Taenario pariter tremit ignea fuco

393–442 *om.* S 399 laeva *Delz 1* : vacua ω *versum dist. Delz* 400 ter Marc *V-1523* : te ω 402 tum R^1 : tunc ω 411 *scil.* adest 412 Phlias *B-1474* : Pelias ω 414 maris *B-1474* : -ri ω 420 ⟨spera⟩ *Withof Krit. Anm. 5, Düsseldorf 1800, 20* 424 Thessalico B^c *B-1498* : -lio ω 427 Taenario B : -reo ω

purpura, quod gemina mater spectabile tela
duxit opus: bis Taygeton silvasque comantes
struxerat, Eurotan molli bis fuderat auro.
quemque suus sonipes niveo de stamine portat
et volat amborum patrius de pectore cycnus.
at tibi collectas solvit iam fibula vestes
ostenditque umeros fortes spatiumque superbi
pectoris Herculeis aequum, Meleagre, lacertis.
hic numerosa phalanx, proles Cyllenia: certus
Aethalides subitas nervo redeunte sagittas
cogere; tu medios gladio bonus ire per hostes,
Euryte; nec patrio Minyis ignobilis usu
nuntia verba ducis populis qui reddit Echion.
sed non, Iphi, tuis Argo reditura lacertis
heu cinerem Scythica te maesta relinquet harena
cessantemque tuo lugebit in ordine remum.
te quoque dant campi tanto pastore Pheraei
felices, Admete, tuis nam pendet in arvis
Delius ingrato Steropen quod fuderat arcu.
a quotiens famulo notis soror obvia silvis
flevit ubi Ossaeae captaret frigora quercus
perderet et pingui miseros Boebeide crines!
insurgit transtris et remo Nerea versat
Canthus, in Aeaeo volvet quem barbara cuspis
pulvere; at interea clari decus adiacet orbis
quem genitor gestabat Abas - secat aurea fluctu
tegmina Chalcidicas fugiens Euripus harenas
celsaque semiferum contorquens frena luporum
surgis ab ostrifero medius, Neptune, Geraesto.
et tibi Palladia pinu, Polypheme, revecto
ante urbem ardentis restat deprendere patris

429 Tageton L^{ac}V 436 hinc *B-1498* 442 cinerem *Thilo* : celerem ω 443 tuum *Baehrens* 449 Boebeide *B-1498* : boebede ω 454 Chalci- *B-1474* : Calchi- ω 456 Geraesto B^{c} *V-1523* : Gerasto ω *fort. recte* 457 et] at *Burman*

reliquias, multum famulis pia iusta moratis
si venias. breviore petit iam caerula remo
occupat et longe sua transtra novissimus Idas.
at frater magnos Lynceus servatur in usus,
quem tulit Arene, possit qui rumpere terras
et Styga transmisso tacitam deprendere visu.
fluctibus e mediis terras dabit ille magistro
et dabit astra rati cumque aethera Iuppiter umbra
perdiderit solus transibit nubila Lynceus.
quin et Cecropiae proles vacat Orithyiae
temperet ut tremulos Zetes fraterque ceruchos.
nec vero Odrysius transtris impenditur Orpheus
aut pontum remo subigit, sed carmine tonsas
ire docet summo passim ne gurgite pugnent.
donat et Iphiclo pelagus iuvenumque labores
Aesonides, fessum Phylace quem miserat aevo
non iam operum in partem, monitus sed tradat ut acres
magnorumque viros qui laudibus urat avorum.
Arge, tuae tibi cura ratis, te moenia doctum
Thespia Palladio dant munere; sors tibi nequa
parte trahat tacitum puppis mare fissaque fluctu
vel pice vel molli conducere vulnera cera.
pervigil Arcadio Tiphys pendebat ab astro
Hagniades, felix stellis qui segnibus usum
et dedit aequoreos caelo duce tendere cursus.
Ecce per obliqui rapidum compendia montis
ductor ovans laetusque dolis agnoscit Acastum
horrentem iaculis et parmae luce coruscum.
ille ubi se mediae per scuta virosque carinae
intulit, ardenti Aesonides retinacula ferro
abscidit. haud aliter saltus vastataque pernix

462 servatur *V-1523* : -tus ω 470 impend- Co *B-1474* : imped- ω 474 -serat aevo *B-1474* : -sera laevo ω 479 fissaque fluctu *B-1474* : fessaque luctu ω 482 usum M^2 *B-1474* : osum ω 485 ovans *Heins.* : avens ω

venator cum lustra fugit dominoque timentem
urget equum teneras compressus pectore tigres
quas astu rapuit pavido, dum saeva relictis
mater in adverso catulis venatur Amano.
it pariter propulsa ratis. stant litore matres
claraque vela oculis percussaque sole sequuntur
scuta virum, donec iam celsior arbore pontus
immens⟨usque⟩ ratem spectantibus abstulit aer.
Siderea tunc arce pater pulcherrima Graium
coepta tuens tantamque operis consurgere molem
laetatur; patrii neque enim probat otia regni.
una omnes gaudent superi venturaque mundo
tempora quaeque vias cernunt sibi crescere Parcae.
sed non et Scythici genitor discrimine nati
intrepidus tales fundit Sol pectore voces:
'summe sator, cui nostra dies volventibus annis
tot peragit reficitque vices, tuane ista voluntas
Graiaque nunc undis duce te nutuque secundo
it ratis? an meritos fas est mihi rumpere questus?
hoc metuens et nequa foret manus invida nato
non mediae telluris opes, non improba legi
divitis arva plagae (teneant uberrima Teucer
et Libys et vestri Pelopis domus): horrida saevo
quae premis arva gelu strictosque insedimus amnes.
cederet his etiam et sese sine honore referret
ulterius, sed nube rigens ac nescia rerum
stat super et nostros iam zona reverberat ignes.

490 cum *cf. Strand 67sq.* 491 teneras R *F-1503* : -os ω 493 adverso *'nah' ut 518* aversis *'fern'* 494 it *Eyssenh. Rh. Mus. 17, 1862, 383* : ut ω 496 iam *B-1474* : tam ω 497 ⟨usque⟩ L^2 *B-1474* 498 Graium Vat *B-1474* : gratum ω 501sq. *explic. Burman:* gaudent superi et Parcae, quae .. 507 Graiaque Co *B-1474* : grat- ω *cf. 498* 509 invita ω, *corr.* L^1 513 primis α insedimus *Zinzerling Crit. Iuvenil. Promulsis, Lugd. 1610, 42* : in sedibus ω 515 rerum G *V-1523* : regum ω 516 nostris ω, *corr.* L^1 reverb- *B-1474* : perverb- ω

quid regio immanis, quid barbarus amnibus ullis
Phasis et aversis proles mea gentibus obstat?
quid Minyae meruere queri? num vellere Graio
vi potitur? profugo quin agmina iungere Phrixo
abnuit, Inoas ultor nec venit ad aras,
imperii sed parte virum nataeque moratus
coniugio videt e Graia nunc stirpe nepotes
et generos vocat et iunctas sibi sanguine terras.
flecte ratem motusque, pater, nec vulnere nostro
aequora pande viris; veteris sat conscia luctus
silva Padi et viso flentes genitore sorores!'
adfremit his quassatque caput qui vellera dono
Bellipotens sibi fixa videt temptataque, contra
Pallas et amborum gemuit Saturnia questus.
Tum genitor: 'vetera haec nobis et condita pergunt
ordine cuncta suo rerumque a principe cursu
fixa manent; neque enim terris tum sanguis in ullis
noster erat cum fata darem, iustique facultas
hinc mihi cum varios struerem per saecula reges.
atque ego curarum repetam decreta mearum.
iam pridem regio quae virginis aequor ad Helles
et Tanai tenus immenso descendit ab Euro
undat equis floretque viris nec tollere contra
ulla pares animos nomenque capessere bellis
ausa manus. sic fata locos, sic ipse fovebam.
accelerat sed summa dies Asiamque labantem
linquimus et poscunt iam me sua tempora Grai.

518 aversis G *Pius* : adv- ω 519 quod α 521 abnuit A^{c} *V-1523* : adn- ω ultor B^{c} *V-1523* : ultro ω 523 videt e V : videt te L, videre S Graia Co *B-1474* : grata ω *ut iam 498. 507* 527 Padi SL^{1} : pandi ω 528 dono] don L^{ac1}V 529 *dist. Mozley* 535 hinc *Bdlbus* : hic ω cum Q Mal : cur ω 537 aequor ad] aequora L 538 Tanai *B-1498* : -in ω 541 locos *scil.* fovebant 542 labantem Vat *B-1474* : labentem ω

inde meae quercus tripodesque animaeque parentum
hanc pelago misere manum. via facta per undas
perque hiemes, Bellona, tibi. nec vellera tantum
indignanda manent propiorque ex virgine rapta
ille dolor, sed - nulla magis sententia menti
fixa meae - veniet Phrygia iam pastor ab Ida,
qui gemitus irasque pares et mutua Grais
dona ferat. quae classe dehinc effusa procorum
bella, quot ad Troiae flentes hiberna Mycenas,
quot proceres natosque deum, quae robora cernes
oppetere et magnis Asiam concedere fatis!
hinc Danaum de fine sedet gentesque fovebo
mox alias. pateant montes silvaeque lacusque
cunctaque claustra maris, spes et metus omnibus esto.
arbiter ipse locos terrenaque summa movendo
experiar, quaenam populis longissima cunctis
regna velim linquamque datas ubi certus habenas.'
tunc oculos Aegaea refert ad caerula robur
Herculeum Ledaeque tuens genus atque ita fatur:
'tendite in astra, viri: me primum regia mundo
Iapeti post bella trucis Phlegraeque labores
imposuit; durum vobis iter et grave caeli
institui. sic ecce meus, sic orbe peracto
Liber et expertus remeavit Apollo.'
dixit et ingenti flammantem nubila sulco
direxit per inane facem, quae puppe propinqua
in bifidum discessit iter fratresque petivit
Tyndareos, placida et mediis in frontibus haesit
protinus amborum lumenque innoxia fundit
purpureum, miseris olim implorabile nautis.

547 propri- ω, *corr. B-1474* 549 iam U *B-1498* : nam ω 551 quae *V-1523* : qua ω 552 quot Co *B-1474* : quod ω Troiae *Pius* : -am ω 553 quot Co[1] *F-1481* : quod ω 563-565 *v. Housman (4,695)* 564 trucis Co *B-1474* : -ces ω Phlegr- X : phregl- ω 569 derexit *Baehrens*

Interea medio saevus permissa profundo
carbasa Pangaea Boreas speculatus ab arce
continuo Aeoliam Tyrrhenaque tendit ad antra
concitus. omne dei rapidis nemus ingemit alis,
strata Ceres motuque niger sub praepete pontus.
aequore Trinacrio refugique a parte Pelori
stat rupes horrenda fretis, quot in aethera surgit
molibus, infernas totidem demissa sub undas.
nec scopulos aut antra minor iuxta altera tellus
cernitur. illam Acamans habitat nudusque Pyracmon,
has nimbi ventique domos et naufraga servat
tempestas, hinc in terras latumque profundum
est iter, hinc olim soliti miscere polumque
infelixque fretum (neque enim tunc Aeolus illis
rector erat, Libya cum rumperet advena Calpen
Oceanus, cum flens Siculos Oenotria fines
perderet et mediis intrarent montibus undae),
intonuit donec pavidis ex aethere ventis
Omnipotens regemque dedit, quem iussa vereri
saeva cohors; vix monte chalybs iterataque muris
saxa domant Euros. cum iam cohibere frementum
ora nequit, rex tunc aditus et claustra refringit
ipse volens placatque data fera murmura porta.
nuntius hunc solio Boreas proturbat ab alto.
'Pangaea quod ab arce nefas,' ait, 'Aeole, vidi!
Graia novam ferro molem commenta iuventus
pergit et ingenti gaudens domat aequora velo.
nec mihi libertas imis freta tollere harenis

578 motuque Olis Reg *Mas.* : -toque ω praepete] pr(a)ete α 579–581 *exhib.* f 580 quot f *B-1474* : quod ω 581 totidem *F-1503* : totiens ω 583 Pyracmon *B-1474* : -gmo ω 584–596 *exhib.* f 586 est iter] Est tunc a c p, Currunt e hinc] hic f 587 Aeolus f : aeblus ω 588 abrumperet f 593 cohors; vix *Sudhaus* : cohors tum f : cohoruis ω 594 cohibere *Heins.* : proh- ω 595 refringet α

qualis eram nondum vinclis et carcere clausus.
hinc animi structaeque viris fiducia puppis,
quod Borean sub rege vident. da mergere Graios
insanamque ratem! nil me mea pignora tangunt.
tantum hominum compesce minas dum litora iuxta
Thessala necdum aliae viderunt carbasa terrae.'
Dixerat, at cuncti fremere intus et aequora venti
poscere. tum validam contorto turbine portam
impulit Hippotades, fundunt se carcere laeti
Thraces equi Zephyrusque et nocti concolor alas
nimborum cum prole Notus crinemque procellis
hispidus et multa flavus caput Eurus harena.
induxere hiemem raucoque ad litora tractu
unanimi freta curva ferunt. nec sola Tridentis
regna movent, vasto pariter ruit igneus aether
cum tonitru piceoque premit nox omnia caelo.
excussi manibus remi conversaque frontem
puppis in obliquum resonos latus accipit ictus,
vela super tremulum subitus volitantia malum
turbo rapit. qui tum Minyis trepidantibus horror
cum picei fulsere poli pavidamque coruscae
ante ratem cecidere faces antemnaque laevo
prona dehiscentem cornu cum sustulit undam.
non hiemem missosque putant consurgere ventos
ignari, sed tale fretum. tum murmure maesto:
'hoc erat inlicitas temerare rudentibus undas
quod nostri timuere patres. vix litore puppem
solvimus et quanto fremitu se sustulit Aegon!
hocine Cyaneae concurrunt aequore cautes
tristius an miseris superest mare? linquite, terrae,

605 pignora *Sabellicus* : pectora ω 608 at S : *om.* LV
609 contorto *Burman* : -tam ω 611 et L[1] : te ω 619 actus α
622 picei *B–1474* : -a ω 626 fretum] -tam X, -tram Π, -ton L
630 Cyan(a)eae L[1] : cynaeae ω

spem pelagi sacrosque iterum seponite fluctus!'
haec iterant segni flentes occumbere leto.
magnanimus spectat pharetras et inutile robur
Amphitryoniades. miscent suprema paventes
verba alii iunguntque manus atque ora fatigant
aspectu in misero †tota† cum protinus alnus
solvitur et vasto puppis mare sorbet hiatu.
illam huc atque illuc nunc torquens verberat Eurus,
nunc stridens Zephyris aufert Notus. undique fervent
aequora, cum subitus trifida Neptunus in hasta
caeruleum fundo caput extulit. 'hanc mihi Pallas
et soror hanc,' inquit, 'mulcens mea pectora fletu
abstulerint; veniant Phariae Tyriaeque carinae
permissumque putent. quotiens mox rapta videbo
vela notis plenasque aliis clamoribus undas!
non meus Orion aut saevus Pliade Taurus
mortis causa novae; miseris tu gentibus, Argo,
fata paras nec iam merito tibi, Tiphy, quietum
ulla parens volet Elysium manesque piorum.'
haec ait et pontum pater ac turbata reponit
litora depellitque Notos, quos caerulus horror
et madido gravis unda sinu longeque secutus
imber ad Aeoliae tendunt simul aequora portae.
emicuit reserata dies caelumque resolvit
arcus et in summos redierunt nubila montes.
iam placidis ratis exstat aquis, quam gurgite ab imo
et Thetis et magnis Nereus socer erigit ulnis.
ergo umeros ductor sacro velatur amictu
Aesoniamque capit pateram, quam munere gaudens

632 pelagis LV 637 toti *Beck (Bibl. Phil. 1, 2, 662) sed malim* fluctu *vel sim.* 644 pariae ω, *corr. B-1474* 646 aliis *Bailey* : malis ω 648 Argo *B-1474* : ergo ω 649 iam *B-1474* : tam ω *def. Courtney ('ironice')* 654 *cf. Stroh 91sq.* 658 socer *scil.* Peleos ulnus L^{ac}V 659 doctor ω, *corr.* X^1 *B-1474*

liquerat hospitio pharetrasque rependerat auro
Salmoneus, nondum ille furens, cum fingeret alti
quadrifida trabe tela Iovis contraque ruenti
aut Athon aut Rhodopen maestae nemora ardua Pisae
aemulus et miseros ipse ureret Elidis agros.
hac pelago libat latices et talibus infit:
'di, quibus undarum tempestatisque sonorae
imperium et magno penitus par regia caelo,
tuque, fretum divosque pater sortite biformes,
seu casus nox ista fuit seu, volvitur axis
ut superum, sic stare †t opus† tollique vicissim
pontus habet seu te subitae nova puppis imago
armorumque hominumque truces consurgere in iras
impulit, haec luerim satis et tua numina, rector,
iam fuerint meliora mihi. da reddere terris
has animas patriaeque amplecti limina portae!
tum quocumque loco meritas tibi plurimus aras
pascet honos, quantusque rotis horrendus equisque
stas, pater, atque ingens utrimque fluentia Triton
frena tenet, tantus nostras condere per urbes.'
dixerat haec. oritur clamor dextraeque sequentum
verba ducis. sic cum stabulis et messibus ingens
ira deum et Calabri populator Sirius arvi
incubuit, coit agrestum manus anxia priscum
in nemus et miseris dictat pia vota sacerdos.
ecce autem molli Zephyros descendere lapsu
aspiciunt, volat immissis cava pinus habenis

662 *cf. Strand 68sqq.* 663 ruenti *Heins.* : -te ω 664 Pisae *add.* L[1] *i. m.* 665 urere (urire V) caelidis LV 671 vagus *Delz*, tuus *Ehlers* 676 limine LV 677 meritas *B-1498* : -tis ω 678 pascet *Pius* : -it ω quantusque *Delz* : ubicumque ω horrendus equisque Vat *B-1474* : horrendus et equis S, horrerent equis L, horrenet equis V 679 stat LV 680 condere *Heins.* : concede ω 681 dextraeque *Pius* : -aque ω

infinditque salum et spumas vomit aere tridenti;
Tiphys agit tacitique sedent ad iussa ministri,
qualiter ad summi solium Iovis omnia circum
prona parata deo, ventique imbresque nivesque
fulguraque et tonitrus et adhuc in fontibus amnes.
At subitus curaque ducem metus acrior omni
mensque mali praesaga quatit, quod regis adortus
progeniem raptoque dolis crudelis Acasto
cetera nuda neci medioque in crimine patrem
liquerit ac nullis inopem vallaverit armis,
ipse procul nunc tuta tenens; ruat omnis in illos
quippe furor. nec vana pavet trepidatque futuris.
Saevit atrox Pelias inimicaque vertice ab alto
vela videt nec qua se ardens effundere possit.
nil animi, nil regna iuvant; fremit obice ponti
clausa cohors telisque salum facibusque coruscat.
haud secus, aerisona volucer cum Daedalus Ida
prosiluit iuxtaque comes brevioribus alis,
nube nova linquente domos Minoia frustra
infremuit manus et visu lassatur inani
omnis eques plenisque redit Gortyna pharetris.
quin etiam in thalamis primoque in limine Acasti
fusus humo iuvenis gressus et inania signa
ore premit sparsisque legens vestigia canis
'te quoque iam maesti forsan genitoris imago,
nate,' ait 'et luctus subeunt suspiria nostri
iamque dolos circumque trucis discrimina leti
mille vides. qua te, infelix, quibus insequar oris?
non Scythicas ferus ille domos nec ad ostia Ponti
tendit iter, falsae sed captum laudis amore
te, puer, in nostrae durus tormenta senectae

692 tonitrus] tro- VX^{ac1}, -truus $L^{ac1}V$ 695 -que *om.* LV 698 illis α, illum *Kramer* 704 Ida *F-1503* : ira ω 707 nisu *Hermann Philol. 3, 1848, 515* 708 eques K *V-1523* : -is ω 709 Acati LV 710 humo X^{1}Vat : homo ω

nunc lacerat. celsis an si freta puppibus essent
pervia, non ultro iuvenes classemque dedissem?
o domus, o freti nequiquam prole penates!'
dixit et extemplo furiis iraque minaci
terribilis: 'sunt hic etiam tua vulnera, praedo,
sunt lacrimae carusque parens!' simul aedibus altis
itque reditque fremens rerumque asperrima versat.
Bistonas ad meritos cum cornua saeva Thyone⟨us⟩
torsit et infelix iam mille furoribus Haemus,
iam Rhodopes nemora alta gemunt, talem incita longis
porticibus coniunxque fugit natique Lycurgum.
Tartareo tum sacra Iovi Stygiisque ferebat
manibus Alcimede tanto super anxia nato,
siquid ab excitis melius praenosceret umbris.
ipsum etiam curisque parem talesque prementem
corde metus ducit, facilem tamen, Aesona coniunx.
in scrobibus cruor et largus Phlegethontis operti
stagnat honos saevoque vocat grandaeva tumultu
Thessalis exanimes atavos magnaeque nepotem
Pleiones. et iam tenues ad carmina vultus
extulerat maestosque tuens natumque nurumque
talia libato pandebat sanguine Cretheus:
'mitte metus, volat ille mari, quantumque propinquat
iam magis atque magis variis stupet Aea deorum
prodigiis quatiuntque truces oracula Colchos.
heu quibus ingreditur fatis, qui gentibus horror
pergit! mox Scythiae spoliis nuribusque superbus
adveniet – cuperem ipse graves tum rumpere terras –,
sed tibi triste nefas fraternaque turbidus arma
rex parat et saevas irarum concipit ignes.

721 penates *Balbus* : nepotes ω 725 rerumque A^1 *F-1503* : regumque ω 726 ⟨us⟩ *B-1498* 728 longis *add.* L^1 *i. m.* 729 -que^1 *om.* L 730 sacri LV 734 ducit Co *B-1474* : dicit ω 735 operti HaE : aperti ω 737 Thessales α nepote α 742 stupe α Aea HaE^1 : acta ω

quin rapis hinc animam et famulos citus effugis artus?
i, meus es, iam te in lucos pia turba silentum
secretisque ciet volitans pater Aeolus arvis.'
Horruit interea famulum clamore supremo
maesta domus, regemque fragor per moenia differt
mille ciere manus et iam dare iussa vocatis.
flagrantes aras vestemque nemusque sacerdos
praecipitat subitisque pavens circumspicit, Aeson
quid moveat. quam multa leo cunctatur in arta
mole virum rictuque genas et lumina pressit,
sic curae subiere ducem, ferrumne capessat
imbelle atque aevi senior gestamina primi
an patres regnique acuat mutabile vulgus.
contra effusa manus haerensque in pectore coniunx
'me quoque' ait 'casus comitem quicumque propinquat
accipies nec fata traham natumque videbo
te sine, sat caeli patiens, cum prima per altum
vela dedit, potui quae tantum ferre dolorem.'
talia per lacrimas. et iam circumspicit Aeson,
praeveniat quo fine minas, quae fata capessat
digna satis; magnos obitus natumque domumque
et genus Aeolium pugnataque poscere bella.
est etiam ante oculos aevum rudis altera proles,
ingentes animos et fortia discere facta
quem velit atque olim leti meminisse paterni.
ergo sacra novat. veteris sub nocte cupressi
sordidus et multa pallens ferrugine taurus
stabat adhuc, cui caeruleae per cornua vittae
et taxi frons hirta comis; ipse aeger anhelans

749 tremulos *Thilo* effugit LV 750 in *om.* α 752sqq. *Strand 73sqq.* 755 sacerdos *i. e. Alcimede* 756 *dist. Delz* 757 -tur *Thilo* : -tus ω 759 sic] si $L^{ac}VX^{ac}$ 761 acuat *B-1474* : acuatu (-ti S) ω 768 quae J *Pius* : quo ω 769 obitus Co *B-1474* : -tum ω 771 aevi T *B-1498* 774 novat *B-1474* : nova ω

impatiensque loci visaque exterritus umbra.
hunc sibi praecipuum gentis de more nefandae
Thessalis in seros Ditis servaverat usus,
tergeminam cum placat eram Stygiasque supremo
obsecrat igne domos, iamiam exorabile retro
carmen agens; neque enim ante leves niger avehit umbras
portitor et cunctae primis stant faucibus Orci.
illum ubi terrifici superesse in tempore sacri
conspexit, statuit leto supremaque fatur
ipse manu tangens damnati cornua tauri:
'vos quibus imperium Iovis et non segne peractum
lucis iter, mihi conciliis, mihi cognita bellis
nomina magnorum fama sacrata nepotum
tuque, excite parens umbris, ut nostra videres
funera et oblitos superum paterere dolores,
da placidae mihi sedis iter meque hostia vestris
conciliet praemissa locis! tu, nuntia sontum
virgo Iovi, terras oculis quae prospicis aequis,
ultricesque deae Fasque et grandaeva Furorum
Poena parens, meritis regis succedite tectis
et saevas inferte faces! sacer effera raptet
corda pavor nec sola mei gravia adfore nati
arma ratemque putet. classes et Pontica signa
atque indignatos temerato litore reges
mente agitet semperque metu decurrat ad undas
arma ciens: mors sera viam temptataque claudat
effugia et nostras nequeat praecurrere diras,
sed reduces iam iamque viros auroque coruscum
cernat iter. stabo insultans et ovantia contra
ora manusque feram. tum vobis siquod inausum
arcanumque nefas et adhuc incognita leti
sors superest, date fallaci pudibunda senectae

778 -que[1] *om.* LV 780 Diti *Bailey* 785 terrifici *B-1474* : -is ω, -is . . sacris Chis *Burman* tempore] -ra *Bailey* 795 oculos LV 808 incognita *F-1503* : incondita ω

exitia indecoresque obitus! non Marte nec armis
aut nati precor ille mei dignatus ut umquam
ense cadat; quae fida manus, quae cara suorum
diripiat laceretque senem nec membra sepulchro
contegat. haec noster de rege piacula sanguis 814
sumat et heu cunctae quas misit in aequora gentes!' 822
adstitit et nigro fumantia pocula tabo
contigit ipsa gravi Furiarum maxima dextra,
illi avide exceptum pateris hausere cruorem.
   Fit fragor: inrumpunt sonitu, qui saeva ferebant
imperia et strictos iussis regalibus enses.
in media iam morte senes suffectaque leto
lumina et undanti revomentes veste cruorem 821
conspiciunt primoque rudem sub limine rerum 823
te, puer, et visa pallentem morte parentum
diripiunt adduntque tuis. procul horruit Aeson
excedens memoremque tulit sub nubibus umbram.
   Cardine sub nostro rebusque abscisa supernis
Tartarei sedet aula patris. non illa ruenti
accessura polo, victam si volvere molem
ingenti placet ore Chaos, quod pondere fessam
materiem lapsumque queat consumere mundum.
hic geminae aeternum portae, quarum altera dura
semper lege patens populos regesque receptat,
ast aliam temptare nefas et tendere contra:
rara et sponte patet, siquando pectore ductor
vulnera nota gerens, galeis praefixa rotisque

811 nati] *post* mei S, *om.* V   822 *post* 814 *F-1481*   815 procula L^{ac1}V   818 sonitu S : -tus LV : foribus *Heins.*   ferebat LV   819 imperio LV   821 revomentes Reg *V-1523* : removente ω (-tem S)   824 pallantem L^{ac}V   825 dir- Vat *B-1474* : der- ω   827 abscisa *Turnebus 22, 28* : adcisa ω   828-831 *obscuri*   828 Tartareis L   829 volvere *susp.* : solvere *Heins.*   830 placet *Ehlers coll. Aen. 1,283* : iacet ω   836 gerens] cerens V, cernens L^{ac1}

cui domus aut studium mortales pellere curas,
culta fides, longe metus atque ignota cupido,
seu venit in vittis castaque in veste sacerdos.
quos omnes levibus plantis et lampada quassans
progenies Atlantis agit. lucet via late
igne dei, donec silvas et amoena piorum
deveniant camposque, ubi sol totumque per annum
durat aprica dies thiasique chorique virorum
carminaque et quorum populis iam nulla cupido.
has pater in sedes aeternaque moenia natum
inducitque nurum. tum porta quanta sinistra
poena docet maneat Pelian, quot limine monstra.
mirantur tantos strepitus turbamque ruentem
et loca et infernos almae virtutis honores.

840 levibus E *Heins.* : lenis ω 841 luget LV 843 dev- S : dav- LV, adv- L[1] 844 (chori)que *om.* L[ac]V 848 quot .. monstra *Postgate Journ. Phil. 27, 1900, 100* : quo .. monstrat ω

C. VALERI FLACCI SETINI BALBI

ARGONAUTICON LIBER SECUNDUS

Interea scelerum luctusque ignarus Iason
alta secat. neque enim patrios cognoscere casus
Iuno sinit, mediis ardens ne flectat ab undis
ac temere in Pelian et adhuc obstantia regis
fata ruat placitosque deis ne deserat actus.
iamque fretis summas aequatum Pelion ornos
templaque Tisaeae mergunt obliqua Dianae,
iam Sciathos subsedit aquis, iam longa recessit
Sepias. attollit tondentes pabula Magnes
campus equos: vidisse putant Dolopeia busta
intrantemque Amyron curvas quaesita per oras
aequora, flumineo cuius redeuntia vento
vela legunt. remis insurgitur, inde salutant
Eurymenas. recipit velumque fretumque reversus
Auster et in nubem Minyis repe⟨te⟩ntibus altum
Ossa redit. metus ecce deum damnataque bello
Pallene circumque vident immania monstra
terrigenum caelo quondam adversata Gigantum,
quos scopulis trabibusque parens miserata iugisque
induit et versos exstruxit in aethera montes.
quisque suas in rupe minas pugnamque metusque

Inscr. om. V C. VALERII FLACCI SETINI BALBI ARGONAUTICON LIBER PRIMUS EXPLICIT INCIPIT LIBER SECUNDUS M (*pro* L) EXPLICIT LIBER PRIMUS ARGONAUTICON INCIPIT SECUNDUS S
5 ne *Burman 1702* : neu ω 6 fretis C : -ti ω 7 Tisaeae *V–1523* : Pi- ω 11 Amyron *Mas. post* Amirum *B–1474* : myrin ω 14 reversus Vat *B–1474* : -so ω 15 ⟨te⟩ *F–1481*

servat adhuc, quatit ipse hiemes et torquet ab alto
fulmina crebra pater, scopulis sed maximus illis
horror abest, Sicula pressus tellure Typhoeus.
hunc profugum et sacras revomentem pectore flammas,
ut memorant, prensum ipse comis Neptunus in altum
abstulit implicuitque vadis totiensque cruenta
mole resurgentem torquentemque anguibus undas
Sicanium dedit usque fretum cumque urbibus Aetnam
intulit ora premens. trux ille eiectat adesi
fundamenta iugi, pariter tunc omnis anhelat
Trinacria, iniectam fesso dum pectore molem
commovet experiens gemituque reponit inani.
  Iamque Hyperionius metas maris urget Hiberi
currus et evectae prono laxantur habenae
aethere, cum palmas Tethys grandaeva sinusque
sustulit et rupto sonuit sacer aequore Titan.
auxerat hora metus, iam se vertentis Olympi
ut faciem raptosque simul montesque locosque
ex oculis circumque graves videre tenebras.
ipsa quies rerum mundique silentia terrent
astraque et effusis stellatus crinibus aether;
ac velut ignota captus regione viarum
noctivagum qui carpit iter non aure quiescit,
non oculis, noctisque metus niger auget utrimque
campus et occurrens umbris maioribus arbor,
haud aliter trepidare viri. sed pectora firmans
Hagniades 'non hanc' inquit 'sine numine pinum
derigimus nec me tantum Tritonia cursus
erudiit. saepe ipsa manu dignata carinam est.
an non experti, subitus cum luce fugata

26 altum X^1 *F-1481* : -tu ω 29 dedit *susp.* 30 adesit α 31 omnes α 32 iniecta LV 33 commovet *B-1474* : cum movet ω 38 auserat ω, *corr.* L^1 43 ignota - arbor (*v.* *46*) *exhib.* f captus] timidus f 46 corpus et occurrit f 47 viri Vat *B-1474* : -is ω 48 numine L^c *B-1519* : no- ω 51 an *Balbus* : at ω

horruit imbre dies? quantis, pro Iuppiter, Austris
restitimus, quanta quotiens et Pallados arte
in cassum decimae cecidit tumor arduus undae!
quin agite, o socii; micat immutabile caelum
puraque nec gravido surrexit Cynthia cornu
(nullus in ore rubor) certusque ad talia Titan
integer in fluctus et in uno decidit Euro.
adde quod in noctem venti veloque marique
incumbunt magis et tacitis ratis ocior horis.
atque adeo non illa sequi mihi sidera mens stat
quae delapsa polo reficit mare. tantus Orion
iam cadit, irato iam stridet in aequore Perseus:
sed mihi dux, vetitis qui numquam conditus undis
axe nitet, Serpens, septenosque implicat ignes.'
sic ait et certi memorat qui vultus Olympi
Pleiones Hyadumque locos, quo sidere vibret
Ensis et Actaeus niteat qua luce Bootes.
haec ubi dicta dedit, Cereris tum munere fessas
restituunt vires et parco corpora Baccho.
mox somno cessere, regunt sua sidera puppem.

Iamque sub Eoae dubios Atlantidis ignes
albet ager motisque truces ab ovilibus ursi
tuta domosque petunt, raras et litus in altum
mittit aves, cum primus equis erexit anhelis
Phoebus Athon mediasque diem dispersit in undas.
certatim remis agitur mare rostraque cursu
prima tremunt et iam summis Vulcania surgit
Lemnos aquis, tibi per varios defleta labores,
Ignipotens, nec te furiis et crimine matrum
terra fugat meritique piget meminisse prioris.

53 Palladis ω, *corr. Courtney* 58 Euro *tuetur Courtney coll. Luc. 4,61* 59 in noctem - horis (*v. 60*) *exhib.* f 61 mens stat *Heins.* : monstrant ω 67 quo *B-1474* : quos ω 70 corioro α 72 altantidis VΠ, saltantibus X 75 primis LV erexit *Bury* : exegit ω 80 fariis α 81 fugae LV

Tempore quo primum fremitus insurgere opertos
caelicolum et regni sensit novitate tumentes
Iuppiter aetheriae nec stare silentia pacis,
Iunonem volucri primam suspendit Olympo
horrendum chaos ostendens poenasque barathri.
mox etiam pavidae temptantem vincula matris
solvere praerupti Vulcanum vertice caeli
devolvit. ruit ille polo noctemque diemque
turbinis in morem, Lemni dum litore tandem
insonuit. vox inde repens ut perculit urbem,
adclinem scopulo inveniunt miserentque foventque
alternos aegro cunctantem poplite gressus.
hinc, reduci superas postquam pater adnuit arces,
Lemnos cara deo nec fama notior Aetne
aut Lipares domus. has epulas, haec templa peracta
aegide et horrifici formatis fulminis alis
laetus adit. contra Veneris stat frigida semper
ara loco, meritas postquam dea coniugis iras
horruit et tacitae Martem tenuere catenae.
quocirca struit illa nefas Lemnoque merenti
exitium furiale movet. neque enim alma videri
tantum: eadem tereti crinem subnectitur auro
sidereos diffusa sinus, eadem effera et ingens
et maculis suffecta genas pinumque sonantem
virginibus Stygiis nigramque simillima pallam.
Iamque dies aderat. Thracas qui fuderat armis
dux Lemni puppes tenui contexere canna
ausus et inducto cratem defendere tergo
laeta mari tum signa refert plenasque movebant
armentis nuribusque rates (et barbara vestis

86 poenaque LV 90 dum *Schenkl* : cum ω 94 rudici α 95 Aetna S 103 tantum *Madvig Adv. 2, 137* : iam tum ω eadem *Sudhaus* : ea cum ω tereti] reti α 106 pallam *B-1498* : palma ω 108 puppe α 111 et *susp.*, his *Baehrens*

et torques insigne loci). sonat aequore clamor
'o patria, o variis coniunx nunc anxia curis,
has agimus longi famulas tibi praemia belli.',
cum dea se piceo per sudum turbida nimbo
praecipitat Famamque vaga vestigat in umbra,
quam pater omnipotens digna atque indigna canentem
spargentemque metus placidis regionibus arcet
aetheris. illa fremens habitat sub nubibus imis,
non Erebi, non diva poli, terrasque fatigat
quas datur. audentem primi spernuntque foventque
mox omnes agit et motis quatit oppida linguis.
talem diva sibi scelerisque dolique ministram
quaerit avens. videt illa prior iamque advolat ultro
impatiens iamque ora parat, iam suscitat aures.
hanc super incendit Venus atque his vocibus implet:
'vade age et aequoream, virgo, delabere Lemnon
et cunctas mihi verte domos, praecurrere qualis
bella soles, cum mille tubas armataque campis
agmina et innumerum flatus cum fingis equorum.
adfore iam luxu turpique cupidine captos
fare viros carasque toris inducere Thressas.
haec tibi principia, hinc rabidas dolor undique matres
instimulet. mox ipsa adero ducamque paratas.'
Illa abit et mediam gaudens defertur in urbem
et primam Eurynomen ad proxima limina Codri
occupat exesam curis castumque cubile
servantem. manet illa viro famulasque fatigat
litoribus, tardi reputant quae tempora belli
ante torum et longo mulcent insomnia penso.

116 vaga R^{1} *Heins.* : -am ω umbro α 117 - 122 *exhib.* f Rex superum famam digna *etc.* f 117 canente L^{ac}V 119 aetheriis L^{ar}V 121 auditam *Thilo* primi *B-1474* : -is ω 122 linquis ω, *corr.* L^{1} 130 fringis α 132 fare *B-1474* : fave ω 135 abit] dabit V, dabi *omisso* et S 136 ad *Carrio* : ac ω

huic dea cum lacrimis et nota veste Neaerae
icta genas 'utinam non hic tibi nuntius essem,
o soror, aut nostros' inquit 'prius unda dolores
obruat, in tali quoniam tibi tempore coniunx
sic meritae, votis quem tu fletuque requiris,
heu furit et captae indigno famulatur amore.
iamque aderunt thalamisque tuis Threissa propinquat,
non forma, non arte colus, non laude pudoris
par tibi. nec magni proles praeclara Dorycli,
picta manus usto⟨que⟩ placet sed barbara mento.
ac tamen hos aliis forsan solabere casus
tu thalamis fatoque leges meliore penates.
me tua matris egens damnataque paelice proles
exanimat, quam iam miseros transversa tuentem
letalesque dapes infectaque pocula cerno.
scis simile ut flammis simus genus, adde cruentis
quod patrium saevire Dahis. iam lacte ferino,
iam veniet durata gelu. sed me quoque pulsam
fama viro nostrosque toros virgata tenebit
et plaustro derepta nurus.' sic fata querellas
abscidit et curis pavidam lacrimisque relinquit.
transit ad Iphinoen isdemque Amythaonis implet
Oleniique domum furiis, totam inde per urbem
personat ut cunctas agitent expellere Lemno,
ipsi urbem Thressaeque regant. dolor iraque surgit,
obvia quaeque eadem traditque auditque neque ulli
vana fides. tum voce deos, tum questibus implent,

141 Neaerae *V-1523* : -ra ω 142 nuntius *cf. Koster 88-90* 148 forma *Sabellicus, V-1523* : fama (*ut 1,100*) ω 150 ⟨que⟩ Vat *B-1474* 151 aliis *Heins.* : tales ω 153 proles *damno paelicis affecta cf. Strand 43sqq.* 154 examinat α 156 simile *B-1474* : -li ω 160 derepta *Vossius, Heins.* : directa ω 163 furtis L^{ac1} 164 ut *B-1474* : et ω 165 regant *B-1474* : regnant ω thessae α 166 traditque *Pius* : trahit- ω 167 vana *F-15o3* : una ω tum^2 X : cum S : *om.* LV

oscula iamque toris atque oscula postibus ipsis
ingeminant lacrimisque iterum visuque morantur.
prosiliunt nec tecta virum thalamosque revisunt
amplius, adglomerant sese nudisque sub astris
condensae fletus acuunt ac dira precantur
coniugia et Stygias infanda ad foedera taedas.
Has inter medias Dryopes in imagine maestae
flet Venus et saevis ardens dea planctibus instat
primaque: 'Sarmaticas utinam fortuna dedisset
insedisse domos tristesque habitasse pruinas,
plaustra sequi vel iam patriae vidisse per ignes
culmen agi stragemque deum. nam cetera belli
perpetimur. mene ille novis, me destinat amens
servitiis? urbem aut fugiens natosque relinquam?
non prius ense manus raptoque armabimus igne
dumque silent ducuntque nova cum coniuge somnos,
magnum aliquid spirabit amor?' tunc ignea torquens
lumina praecipites excussit ab ubere natos.
ilicet arrectae mentes evictaque matrum
corda sacer Veneris gemitus rapit. aequora cunctae
prospiciunt simulantque choros delubraque festa
fronde tegunt laetaeque viris venientibus adsunt.
iamque domos mensasque petunt, discumbitur altis
porticibus, sua cui⟨que⟩ furens infestaque coniunx
adiacet, inferni qualis sub nocte barathri
accubat attonitum Phlegyan et Thesea iuxta
Tisiphone saevasque dapes et pocula libat,
tormenti genus, et nigris amplectitur hydris.
Ipsa Venus quassans undantem turbine pinum
adglomerat tenebras pugnaeque accincta trementem

169 visuque *B-1474* : -umque ω 178sq. *cf. Housman (1,245 cum add.)* 179 agi Vat *B-1474* : agis ω 182 armab- Vat *B-1474* : armav- ω 184 spirab- Vat *B-1474* : spirav- ω 186 ilicet *Pius* : illic et ω victaque α 191 ⟨que⟩ X infesta E : festina ω 197 adglomerit α tenebrat ω, *corr.* P

desilit in Lemnon. nimbis et luce fragosa
prosequitur polus et tonitru pater auget honoro.
inde novam pavidas vocem furibunda per auras
congeminat, qua primus Athos et pontus et ingens
Thraca palus pariterque toris exhorruit omnis
mater et adstricto riguerunt ubere nati.
accelerat Pavor et Geticis Discordia demens
e stabulis atraeque genis pallentibus Irae
et Dolus et Rabies et Leti maior imago
visa truces exserta manus, ut prima vocatu
intonuit signumque dedit Mavortia coniunx.
Hic aliud Venus et multo magis ipsa tremendum
orsa nefas gemitus fingit vocesque cadentum
inrupitque domos et singultantia gestans
ora manu taboque sinus perfusa recenti
arrectasque comas: 'meritos en prima revertor
ulta toros, premit ecce dies.' tum verbere victas
in thalamos agit et cunctantibus ingerit enses.
Unde ego tot scelerum facies, tot fata iacentum
exsequar? heu vatem monstris quibus intulit ordo,
quae se aperit series! o qui me vera canentem
sistat et hac nostras exsolvat imagine noctes!
Invadunt aditus et quondam cara suorum
corpora, pars ut erant dapibus vinoque soporos,
pars conferre manus etiam magnisque paratae
cum facibus quosdam insomnes et cuncta tuentes,
sed temptare fugam prohibetque capessere contra
arma metus, adeo ingentes inimica videri
diva dabat, notaque sonat vox coniuge maior;
tantum oculos pressere ⟨⏑ –⟩ velut agmina cernant

201 et[1]] tum *Courtney 3, 154* 202 paterque α 203 ubere Vat *B-1474* : -ra ω 210 cadendum α 213-262 *iteravit* V (= V^aV^b) 213 arrectisque comis *Peerlkamp ad Aen. 10,726* 215 ingerit *Heins.*, inicit *Strand 82* : invenit ω 220 aditus] artus *Meyncke 2* 222 magnisque *B-1474* : -osque ω 224 -que *om.* L 227 *e. g.* ⟨viri⟩ *B-1474*

Eumenidum ferrumve super Bellona coruscet.
hoc soror, hoc coniunx propiorque hoc nata parensque
saeva valet prensosque toris mactatque trahitque
femineum genus, immanes quos sternere Bessi
nec Geticae potuere manus aut aequoris irae.
his cruor in thalamis et anhela in pectore fumant
vulnera seque toris misero luctamine trunci
devolvunt. diras aliae ad fastigia taedas
iniciunt adduntque domos. pars ignibus atris
effugiunt propere, sed dura in limine coniunx
obsidet et viso repetunt incendia ferro.
ast aliae Thressas labem causamque furorum
diripiunt: mixti gemitus clamorque precantum
barbarus ignotaeque implebant aethera voces.
Sed tibi nunc quae digna tuis ingentibus ausis
orsa feram, decus et patriae laus una ruentis,
Hypsipyle? non ulla meo te carmine dictam
abstulerint, durent Latiis modo saecula fastis
Iliacique lares tantique palatia regni.
inruerant actae pariter nataeque nurusque
totaque iam sparsis exarserat insula monstris;
illa pias armata manus 'fuge protinus urbem
meque, pater! non hostis,' ait 'non moenia laesi
Thraces habent; nostrum hoc facinus. ne quaere, quis auctor!
iam fuge, iam dubiae donum rape mentis et ensem
tu potius, miser, oro, tene!' tunc excipit artus
obnubitque caput tacitumque ad conscia Bacchi
templa rapit primoque manus a limine tendens
'exime nos sceleri, pater, et miserere piorum
rursus!' ait. tacita pavidum tunc sede locavit
sub pedibus dextraque dei. latet ille receptus

230 saeva *B-1474* : seu ω   239 furorum Vat *B-1474* : -em ω
240 *om.* V^{a}S   241 *om.* V^{b} 243 orsa *Heins.* : ora ω   245 Latii ..
fasti *Sandstroem*   253 miser, oro *Heins.* : miserere ω

veste sacra. voces chorus et trieterica reddunt
aera sonum fixaeque fremunt in limine tigres.
regina ut roseis Auroram surgere bigis
vidit et insomni lassatas turbine tandem
conticuisse domos, stabilem quando optima facta
dant animum maiorque piis audacia coeptis,
serta patri iuvenisque comam vestesque Lyaei
induit et medium curru locat aeraque circum
tympanaque et plenas tacita formidine cistas.
ipsa sinus hederisque ligat famularibus artus
pampineamque quatit ventosis ictibus hastam,
respiciens teneat virides velatus habenas
ut pater, ⟨e⟩ nivea tumeant ut cornua mitra
et sacer ut Bacchum referat scyphus. impulit acri
tum validas stridore fores rapiturque per urbem
talia voce canens: 'linque o mihi caede madentem,
Bacche, domum! sine foedatum te funere pontus
expiet et referam lotos in templa dracones!'
sic medios egressa metus, facit ipse verendam
nam deus et flatu non inscia gliscit anhelo.
iamque senem tacitis saeva procul urbe remotum
occulerat silvis, ipsam sed conscius ausi
nocte dieque pavor fraudataque turbat Erinys.
non similes iam ferre choros (semel orgia fallunt)
audet, non paribus furiis accendere saltus,
et fuga diversas misero quaerenda per artes.
visa ratis saevae defecta laboribus undae

260 tygues α *ut vid.* 263 stabilem - animum (*v. 264*) *exhib.* f quando o. facta] certe o. fata f 267 tacita *B-1474* : -as ω 268 falamuribus α 271 ⟨e⟩ *Kramer* 273-275 *inverso ordine* α (*Ehlers 1, 33sq.*) 275 feda tumente f. pónus α 277 mechos α egressa S : aegrassa L, -grasa V verendam] *cf. Ehlers 1, 34sq.* 278 anhelo *B-1474* : -le ω 279 tacitis *B-1474* : -tus ω 280 occuluit *Thilo fort. recte* 283 paribus *Bailey* : patrios ω furiis *Courtney 3* : furtis ω 285 saevae Co *B-1474* : -a ω

quam Thetidi longinqua dies Glaucoque repostam
solibus et canis urebat luna pruinis.
huc genitorem altae per opaca silentia noctis
praecipitem silvis rapit et sic maesta profatur:
'quam, genitor, patriam, quantas modo linquis inanes
pube domos! pro dira lues, pro noctis acerbae
exitium! talin possum te credere puppi,
care parens? possum tantis retinere periclis?
solvimus heu serum Furiis scelus. adnue votis,
diva, soporiferas quae nunc trahis aequore bigas!
non populos, non dite solum, non ulla parenti
regna peto: patria liceat decedere terra.
quando ego servato mediam genitore per urbem
laeta ferar? quando hic lacrimas planctusque videbo?'
dixerat. ille procul trunca fugit anxius alno
Taurorumque locos delubraque saeva Dianae
advenit. hic illum tristi, dea, praeficis arae
ense dato: mora nec terris tibi longa cruentis;
iam nemus Egeriae, iam te ciet altus ab Alba
Iuppiter et soli non mitis Aricia regi.
  Arcem nata petit, quo iam manus horrida matrum
congruerat. rauco fremitu sedere parentum
natorumque locis vacuaeque in moenibus urbis
iura novant. donant solio sceptrisque paternis
ut meritam redeunt⟨que⟩ piae sua praemia menti.
  Ecce procul validis Lemnon tendentia remis
arma notant, rapitur subito regina tumultu
conciliumque vocat. non illis obvia tela
ferre nec infestos derat furor improbus ignes,

286 theti S, tetih V 288 huc *B-1474* : hunc ω 289 rapit et *B-1474* : raptet ω 290 inanes R^c *V-1523* : -ni ω 292 possum *B-1474* : -sunt ω credere *B-1498* : reddere ω 294 Furiis *Pius* : furtis ω 301 -que[1] *om.* α 303 tato α 305 Arigia α 309 nocant dobant α 310 ⟨que⟩ *B-1474*

ni Veneris saevas fregisset Mulciber iras.
tunc etiam vates Phoebo dilecta Polyxo
(non patriam, non certa genus, sed maxima cete
Proteaque ambiguum Pharii se patris ab antris
huc rexisse vias iunctis super aequora phocis;
saepe imis se condit aquis cunctataque paulum
surgit ut auditas referens in gurgite voces)
'portum demus' ait '⟨ ⏕ – ⟩ haec, credite, puppis
advenit et levior Lemno deus aequore flexit
huc Minyas. Venus ipsa volens dat tempore iungi,
dum vires utero maternaque sufficit aetas.'
dicta placent portatque preces ad litora Grais
Iphinoe. nec turba nocens scelerisque recentis
signa movent tollitque loco Cytherea timorem.
protinus ingentem procerum dux nomine taurum
deicit, insuetis et iam pia munera templis
reddit et hac prima Veneris calet ara iuvenca.
  Ventum erat ad rupem, cuius pendentia nigris
fumant saxa iugis coquiturque vaporibus aer.
substitit Aesonides atque hic regina precari
hortatur causasque docens 'haec antra videtis
Vulcanique' ait 'ecce domos: date vina precesque.
forsitan hoc factum taceat iam fulmen in antro;
nox dabit ipsa fidem, clausae cum murmura flammae,
hospes, et incussae sonitum mirabere massae.'
moenia tum viresque loci veteresque parentum

317–319 sed *scil. certa est cf. Ehlers 2, 127sq.* 317 taetae ω, *corr.* C 318 patris *om.* α 319 iniunctis LV 322 ⟨fatis⟩ *Summers 72* 324 tempore *Castiglioni Boll. Fil. Class. 31, 1924–25, 44* : -ra ω 327 scel- Vat *B-1474* : cel- ω recentis O^c *B-1474* : nocentis ω 329 dux *Pierson Veris. libr. 2, 6, 201* : sub ω 331 Veneris] veris α calet Vat *B-1474* : caret ω 332sq. *per enallagen:* pendentia iuga nigris saxis fumant 334 aesomnes α 335 cantra α 337 taceat] iaceat *Parrh.*, lateat *Thilo*

iactat opes. mediis famulae convivia tectis
expediunt, Tyrio vibrat torus igneus ostro.
stat maerens atavos reges regesque maritos
Thressa manus, quaecumque faces timuisse iugales
credita nec dominae sanctum tetigisse cubile.
iam medio Aesonides, iam se regina locavit,
post alii proceres. sacris dum vincitur extis
prima fames circum pateris it Bacchus et omnis
aula silet. dapibus coeptis mox tempora fallunt
noctis et in seras durant sermonibus umbras
praecipueque ducis casus mirata requirit
Hypsipyle, quae fata trahant, quae regis agat vis
aut unde Haemoniae molem ratis. unius haeret
adloquio et blandos paulatim colligit ignes,
iam non dura toris Veneri nec iniqua reversae
et deus ipse moras spatiumque indulget amori.
Pliada lege poli nimboso moverat astro
Iuppiter aeternum volvens opus et simul undis
cuncta ruunt unoque dei Pangaea sub ictu
Gargaraque et maesti steterant formidine luci.
saevior haud alio mortales tempore gentes
terror agit. tunc urget enim, tunc flagitat iras
in populos Astraea Iovem terrisque relictis
invocat adsiduo Saturnia sidera questu.
insequitur niger et magnis cum fratribus Eurus
intonat Aegaeo tenditque ad litora pontus.
et lunam quarto densam videt imbribus ortu
Thespiades, longus coeptis et fluctibus arcet

341 iactat *B-1474* : -et ω 343 stat M[c] *B-1498* : istat ω *ut vid.* (instat L, istat V, ista S) 346 medi V, media S, medium *Heins. coll. Aen. 1,698* 351 ducis *B-1474* : duces L : dices α 352 Hypsileque α quae[2]] quo *Heins.* 355 Veneri *F-1503* : -ris ω 359 dei] die α 360 maesti Vat *B-1474* : -is ω, *plerisque susp.*: Mysi *Howard Class. Quart. 6, 1956, 164* steterant *B-1474* : -s et erant ω 366 pondus α 368 arcet *B-1498* : -ent ω

qui metus. usque novos divae melioris ad ignes
urbe sedent laeti Minyae viduisque vacantes
indulgent thalamis nimbosque educere luxu
nec iam velle vias Zephyrosque audire vocantes
dissimulant, donec resides Tirynthius heros
non tulit ipse rati invigilans atque integer urbis:
invidisse deos tantum maris aequor adortis
desertasque domos fraudataque tempore segni
vota patrum; quid et ipse viris cunctantibus adsit?
'o miseri quicumque tuis accessimus actis!
Phasin et Aeeten Scythicique pericula ponti
redde,' ait, 'Aesonide! me tecum solus in aequor
rerum traxit amor, dum spes mihi sistere montes
Cyaneos vigilemque alium spoliare draconem.
si sedet Aegaei scopulos habitare profundi,
hoc mecum Telamon peraget meus.' haec ubi dicta
haud secus Aesonides monitis accensus amaris
quam bellator equus, longa quem frigida pace
terra iuvat - vix in laevos piger angitur orbes -,
frena tamen dominumque velit si Martius aures
clamor et obliti rursus fragor impleat aeris.
tunc Argum Tiphynque vocat pelagoque parari
praecipitat. petit ingenti clamore magister
arma viros pariter sparsosque in litore remos.
Exoritur novus urbe dolor planctusque per omnes
et facies antiqua domos: sibi moenia linqui
en iterum et quando natorum tempora, gentem
qui recolant, qui sceptra gerant? nunc triste nefandae
noctis opus, vidui nunc illa silentia tecti

374 invigans α 376 tempore *B-1474* : -ra ω segnis α 379 et Oeten L^{1} : etaen L : -e tamen α 383 profundi M^{2} *F-1481* : -do ω 384 hae ω, *corr.* L^{1} 387 iubat α vix *Thilo* : brevis ω 390 -que^{2} *om.* LV 392 remos L^{c}Π^{1} *F-1481* : faemos LV, frenos S 395 tempora] pignora *Heins.*

saeva ma⟨gis⟩, thalamos excussaque vincla quod ausae
induere atque iterum tales admittere curas.
ipsa quoque Hypsipyle, subitos per litora cursus
ut vidit totaque viros decedere Lemno,
ingemit et tali compellat Iasona questu:
'iamne placet primo deducere vela sereno,
carius o mihi patre caput? modo saeva quierunt
aequora. sic portus fugeret ratis, aspera si te
Plias in adversae tenuisset litore Thraces.
ergo moras caelo cursumque tenentibus undis
debuimus?' dixit lacrimans haesuraque caro
dona duci promit chlamydem textosque labores.
illic servati genitoris conscia sacra
pressit acu currusque pios: stant saeva paventum
agmina dantque locum; viridi circum horrida tela
silva tremit; mediis refugit pater anxius umbris.
pars et frondosae raptus expresserat Idae
inlustremque fugam pueri, mox aethere laetus
adstabat mensis, quin et Iovis armiger ipse
accipit a Phrygio iam pocula blanda ministro.
tunc ensem notumque ferens insigne Thoantis
'accipe,' ait 'bellis mediaeque ut pulvere pugnae
sim comes, Aetnaei genitor quae flammea gessit
dona dei, nunc digna tuis adiungier armis.
i, memor i terrae, quae vos amplexa quieto
prima sinu, refer et domitis a Colchidos oris
vela per hunc utero quem linquis Iasona nostro.'

398 ⟨gis⟩ Vat *F-1481*, saevam *omisso* a L   399 induere atque E Ha : imbueratque ω   401 tota *susp.*   404 quierunt *V-1523* : -ant ω   405 sic *B-1498* : si ω   408 lacrimans *F-1481* : -as ω   411 pressit acu *B-1474* : pressit ac L : praesita α   412 viridi *Barth (5, 496)* : -dis ω   416 mmsis V, immensis S   416 Thoantis Vat *B-1474* : tonantis ω   419 -que *om.* LV   420 gessit] iussit L^{ac2} 424 vela] ve α

sic ait Haemonii labens in colla mariti
nec minus Orphea tristis cervice tuaque,
Aeacide, et gemino coniunx a Castore pendet.
Has inter lacrimas legitur piger uncus harenis,
iam remi rapuere ratem, iam flamina portant;
spumea subsequitur fugientis semita clavi.
tunc tenuis Lemnos transitque Electria tellus
Threiciis arcana sacris. hic numinis ingens
horror et incautis decreta piacula linguis.
hanc demissa Iovi non umquam laedere fluctu
audet hiems, sponte ipse deus tunc asperat undas
cum vetat infidos sua litora tangere nautas.
obvius at Minyas terris adytisque sacerdos
excipit hospitibus reserans secreta Thyotes.
hactenus in populos vati, Samothraca, diem⟨que⟩
missa mane sacrisque metum servemus opertis.
illi sole novo laeti plenique deorum
considunt transtris. iam quas praeviderat urbes
navita condebat proraeque accesserat Imbros
et sol aetherias medius conscenderat arces.
Thessala Dardaniis tunc primum puppis harenis
adpulit et fatis Sigeo litore sedit.
desiliunt, pars hinc levibus candentia velis
castra levat, tracto pars frangit adorea saxo
farra, citum strictis alius de cautibus ignem
obtendit foliis et sulphure pascit amico.
Alcides Telamonque comes dum litora blando
anfractu sinuosa legunt, vox accidit aures

426 tristi α 427 rependet Acasto L 431 transitque *B-1474* : -sitaque ω (*pars tantum insulae transit*) : crescitque E 433 linquis ω, *corr.* L^1 435 und[V, unda S 439 vati *Schrader 1, 22sq.* : vates amothra ca- ω, *dist.* L^1 diem L : dicem α ⟨que⟩ *B-1474* *sensus: hactenus in lucem a me missa mane.* 442 praev- *B-1498* : prov- ω 444 sola ω, *corr.* L^1 450 obtendit *Madvig Adv. 2, 138* : ostendit ω

flebile succedens cum fracta remurmurat unda.
attoniti pressere gradum vacuumque sequuntur
vocis iter. iam certa sonat desertaque durae
virgo neci quem non hominum superumque vocabat?
acrius hoc instare viri succurrere certi,
qualiter, implevit gemitu cum taurus acerbo
avia frangentem morsu super alta leonem
terga ferens, coit e sparso concita mapali
agrestum manus et caeco clamore coloni.
constitit Alcides visuque enisus in alta
rupe truces manicas defectaque virginis ora
cernit et ad primos surgentia lumina fluctus,
exanimum veluti multa tamen arte coactum
maeret ebur, Pariusve notas et nomina sumit
cum lapis aut liquidi referunt miranda colores.
ductor ait: 'quod, virgo, tibi nomenque genusque,
quae sors ista, doce, tendunt cur vincula palmas?'
illa tremens tristique oculos deiecta pudore
'non ego digna malis.' inquit. 'suprema parentum
dona vides ostro scopulos auroque frequentes.
nos Ili felix quondam genus, invida donec
Laomedonteos fugeret fortuna penates.
principio morbi caeloque exacta sereno
temperies, arsere rogis certantibus agri,
tum subitus fragor et fluctus Idaea moventes
cum stabulis nemora. ecce repens consurgere ponto
belua, monstrum ingens. hanc tu nec montibus ullis

453 flebile M^{2} *B-1474* : -li ω 455 sonat] resonat LV 457 viri *B-1474* : -is ω 464 lumina *F-1503* : flum- α, fulm- L flec (fle-V)tus α *i. e. ad primos motus maris lumina surgunt* 467 liquidi referunt *B-1498* : aliquid ire ferunt LV, aliquid referunt S 469 sors *Heins.* : mors ω 473 non sili L felix *Slothouwer Acta Lit. Soc. Rheno-Traiect., Lugd. Batav. 1801, 3, 171* : veteris ω 477 tum *Wagner 1, 634* : cum ω Idaea M^{c} *V-1523* : idae ω 479 monibus V, menibus S montes *belua montium ut* mare *belua maris*

nec nostro metire mari. primaeva furenti
huic manus amplexus inter planctusque parentum
deditur. hoc sortes, hoc corniger imperat Hammon
virgineam damnare animam sortitaque Lethen
corpora. crudelis scopulis me destinat urna.
verum o iam redeunt Phrygibus si numina tuque
ille ades, auguriis promisse et sorte deorum,
iam cui candentes votivo in gramine pascit
cornipedes genitor, nostrae stata dona salutis,
adnue meque, precor, defectaque Pergama monstris
eripe, namque potes. neque enim tam lata videbam
pectora, Neptunus muros cum iungeret astris,
nec tales umeros pharetramque gerebat Apollo.'
auxerat haec locus et facies maestissima capti
litoris et tumuli caelumque quod incubat urbi,
quale laborantis Nemees iter aut Erymanthi
vidit et infectae miseratus flumina Lernae.
  Dat procul interea signum Neptunus et una
monstriferi mugire sinus Sigeaque pestis
adglomerare fretum, cuius stellantia glauca
lumina nube tremunt atque ordine curva trisulco
fulmineus quatit ora fragor pelagoque remenso
cauda redit passosque sinus rapit ardua cervix.
illam incumbentem per mille volumina pontus
prosequitur lateri adsultans trepidisque ruentem
litoribus sua cogit hiems. non fluctibus aequis
nubiferi venit unda Noti, non Africus alto
tantus ovat patriisque manus cum plenus habenis
Orion bipedum flatu mare tollit equorum.
ecce ducem placitae furiis crudescere pugnae
surgentemque toris stupet immanemque paratu
Aeacides pulsentque graves ut terga pharetrae.
ille patrem pelagique deos suaque arma precatus

485 iam *B-1474* : tam ω 495 iter] i α 501 flumineus α 502 passosque C : -usque ω sinu α

insiluit scopulo motumque e sedibus aequor
horruit et celsi spatiosa volumina monstri,
qualis ubi a gelidi Boreas convallibus Hebri
tollitur et volucres Rhipaea per ardua nubes
praecipitat. piceo nox tum tenet omnia caelo.
illa simul molem horrificam scopulosaque terga
promovet ingentique umbra subit, intremere Ide
inlidique †rates† pronaeque resurgere turres.
occupat Alcides arcu totaque pharetrae
nube premit. non illa magis quam sede movetur
magnus Eryx, deferre velint quem vallibus imbres.
iam brevis et telo volucri non utilis aer,
tum vero fremitus vanique insania coepti
et tacitus pudor et rursus pallescere virgo.
proicit arma manu, scopulos vicinaque saxa
respicit et quantum ventis adiuta vetustas
impulerat po[te]ntive fragor, tantum abscidit imi
concutiens a sede maris. iamque agmine toto
pistris adest miseraeque inhiat iam proxima praedae.
stat mediis elatus aquis recipitque ruentem
Alcides saxoque prior surgentia colla
obruit. hinc vastos nodosi roboris ictus
congeminat. fluctus ⟨⏕–⟩ defertur in imos
iam totis resoluta vadis. Idaeaque mater
et chorus et summis ulularunt collibus Amnes.
protinus e scopulis et opaca valle resurgunt
pastores magnisque petunt clamoribus urbem.
nuntius hinc socios Telamon vocat ac simul ipsi

514 celsi M^2 *B-1474* : -o ω 517 nox tum *Thilo coll. 1, 617* : nec dum ω 519 Ide R *B-1498* : idem ω 520 *Claudian. rapt. Pros. 2,152sq. cont. Lennep ap. Schenkl 2, 146* rates] altae *Ehlers* 521 arcu *Columbus* : -um ω 522 movetur *F-1481* : moventi ω 528 adiuvata LV 529 impulerat *Thilo* : -it ω [te] *B-1474* fragon ω, *corr. B-1474* 535 *e. g.* ⟨praeceps⟩ Vat *B-1474*, def. ⟨belua⟩ C 538 scopulis] stabulis R^1 *Delz*

horrescunt subitoque vident in sanguine puppem.
nec minus in scopulos crudique cacumina saxi
emicat Alcides vinclisque tenentibus aufert
virgineas de rupe manus aptatque superbis
arma umeris. regem inde petens superabat ovanti
litora tuta gradu, qualis per pascua victor
ingreditur, tum colla tumens, tum celsior armis
taurus, ubi adsueti pecoris stabula alta revisit
et patrium nemus et bello quos ultus amores.

Obvia cui contra longis emissa tenebris
turba Phrygum parvumque trahens cum coniuge natum
Laomedon. iam maestus equos, iam debita posci
dona gemit. pars aerii fastigia muri
cingit et ignotis iuvenem miratur in armis.
illum torva tuens atque acri lubricus astu
rex subit et patrio fatur male laetus amore:
'maxime Graiugenum, quem non Sigea petentem
litora nec nostrae miserantem funera Troiae
adpulit his Fors ipsa locis, si vera parentem
fama Iovem summique tibi genus esse Tonantis,
noster ades iunctisque venis. sator unus et idem
stirpis honos, quamquam longis disiungimur oris.
quot mihi post lacrimas, post quanta piacula patrum
serus ades, quam parva tuis iam gloria factis!
verum age nunc socios fraternis moenibus infer,
ut tibi, servata statui quae munera prole,
crastina lux biiuges stabulis ostendat apertis.'
dixerat haec tacitusque dolos dirumque volutat
corde nefas, clausum ut thalamis somnoque gravatum
immolet ereptaque luat responsa pharetra.
namque bis Herculeis deberi Pergama telis

545 ovanti *Pius* : ovant LV : ovantem S 549 patrum ω, *corr.* Vat *B-1474* nemos LV 551 Phrygrum L, Phrygaim V 557 patentem LV 565 infers LV 565A *om.* α quae M^2 *B-1474* : quam L 569 ereptaque P *B-1474* : eraptaque ω

audierat. Priami sed quis iam vertere regnis
fata queat? manet immotis nox duria lustris
et genus Aeneadum et Troiae melioris honores.
'nos' ait 'ad Scythici' Tirynthius 'ostia ponti
raptat iter. mox huc vestras revehemur ad oras
donaque dicta feram.' tum vero plura vocatis
adnuit ille deis. promissa infida tyranni
iam Phryges et miserae flebant discrimina Troiae.
Panditur hinc totis in noctem carbasus alis
litoraque et veteris tumulos praelabitur Ili
Dardaniumque patrem: vigili simul omnia ludo
festa vident. hinc unda, sacris hic ignibus Ide
vibrat et horrisonae respondent Gargara buxo.
inde ubi iam medii tenuere silentia ponti
stridentesque iuvant aurae, Phrixea subibant
aequora et angustas quondam sine nomine fauces.
ecce autem prima volucrem sub luce dehiscens
terruit unda ratem vittataque constitit Helle,
iam Panopes Thetidisque soror iamque aurea laeva
sceptra tenens, dum sternit aquas proceresque ducemque
aspicit et placidis compellat Iasona dictis:
'te quoque ab Haemoniae ignota per aequora terris
regna infesta domus fatisque simillima nostris
fata ferunt. iterum Aeolios fortuna nepotes
spargit et infelix Scythicum gens quaeritis amnem.
vasta super tellus, longum (ne defice coeptis!)
aequor et ipse procul, verum dabit ostia, Phasis.
hic nemus arcanum geminaeque virentibus arae

572 duria *Politianus Misc. 1, 5 (i. e. nox qua Graeci durio equo usi Troiam invadunt), F-1503* : durica L : turica α : *vulgo* Dorica 577 deis *B-1474* : dies ω 580 veteris *Mas.* : -es ω 585 aurea α 590 tum *Carrio* proceresque *B-1498* : -emque ω 592 te M^2 *B-1474* : tu ω 593 fatisque M^2 *V-1523* : fastisque ω 594 aelios α 597 aequor M^2 *B-1474* : aequo d- ω

stant tumulis, hic prima pia sollemnia Phrixo
ferte manu cinerique, precor, mea reddite dicta:
'non ego per Stygiae, quod rere, silentia ripae,
frater, agor. frustra vacui scrutaris Averni,
care, vias neque enim scopulis me et fluctibus actam
frangit hiems. celeri extemplo subiere ruentem
Cymothoe Glaucusque manu. pater ipse profundi
has etiam sedes, haec numine tradidit aequo
regna nec Inois noster sinus invidet undis.'
dixerat et maestos tranquilla sub aequora vultus
cum gemitu tulit, ut patrii rediere dolores.
tum pelago vina invergens dux talibus infit:
'undarum decus et gentis, Cretheia virgo,
pande viam cursuque tuos age, diva, secundo!'
immittitque ratem mediasque intervolat urbes
qua brevibus furit aestus aquis Asiamque prementem
effugit abruptis Europa immanior oris.
has etiam terras consertaque gentibus arva
sic pelago pulsante, reor, Neptunia quondam
cuspis et adversi longus labor abscidit aevi
ut Siculum Libycumque latus, stupuitque fragore
Ianus et occiduis regnator montibus Atlans.
iam iuga Percotes Pariumque infame fragosis
exsuperant Pityamque vadis transmissaque puppi
Lampsacus, Ogygii quam nec trieterica Bacchi
sacra neque arcanis Phrygius furor invehit antris,
sed suus in Venerem raptat deus. illius aras
urbe super celsique vident velamina templi.
   Rarior hinc tellus atque ingens undique caelum
rursus et incipiens alium prospectus in orbem.
terra sinu medio Pontum iacet inter et Hellen

600 forte LVΠ   621 Percotes *B-1498* : -tis ω   622 Pityamque *B-1498 Barbarus (5, 32)* : phyamque ω   623 Ogygii Vat *B-1474* : ogygti ω   626 velamina] *Herter De Priapo 250*   628 orbe LV

ceu fundo prolata maris. namque improba caecis
intulit arva vadis longoque sub aequora dorso
litus agit, tenet hinc veterem confinibus oris
pars Phrygiam, pars discreti iuga pinea montis.
nec procul ad tenuis surgit confinia ponti
urbs placidis demissa iugis. rex divitis agri
Cyzicus. Haemoniae qui tum nova signa carinae
ut videt, ipse ultro primas procurrit ad undas
miraturque viros dextramque amplexus et haerens
incipit: 'o terris nunc primum cognita nostris
Emathiae manus et fama mihi maior imago,
non tamen haec adeo semota neque ardua tellus
†longaque† iam populis impervia lucis eoae,
cum tales intrasse duces, tot robora cerno.
nam licet hinc saevas tellus alat horrida gentes
meque fremens tumido circumfluat ore Propontis,
vestra fides ritus⟨que⟩ pares et mitia cultu
his etiam mihi corda locis. procul effera virtus
Bebrycis et Scythici procul inclementia sacri.'
sic memorat laetosque rapit, simul hospita pandi
tecta iubet templisque sacros largitur honores.
stant gemmis auroque tori mensaeque paratu
regifico centumque pares primaeva ministri
corpora; pars epulas manibus, pars aurea gestant
pocula bellorum casus expressa recentum.
atque ea prima duci porgens carchesia Graio
Cyzicus 'hic portus' inquit 'mihi territat hostis,
has acies sub nocte refert, haec versa Pelasgum
terga vides, meus hic ratibus qui pascitur ignis.'
subicit Aesonides: 'utinam nunc ira Pelasgos

631 sub L : per S : *om.* V 637 ut *B-1474* : et ω 638 haeres α 642 nec loca *Burman*, regnaque *Thilo* 645 meque *susp. Bailey* 646 ⟨que⟩ *B-1474* 650 iubet X : iube ω 654 pellorum α recentem α *ut vid.* 659 -igit ω, *corr. B-1474*

adferat et solitis temptet concurrere furtis
cunctaque se ratibus fundat manus. arma videbis
hospita nec post hanc ultra tibi proelia noctem.'
sic ait hasque inter variis nox plurima dictis
rapta vices nec non simili lux postera tractu.

C. VALERI FLACCI SETINI BALBI

ARGONAUTICON LIBER TERTIUS

Tertia iam gelidas Tithonia solverat umbras
exueratque polum. Tiphyn placida alta vocabant.
it tectis Argoa manus, simul urbe profusi
Aenidae caris socium digressibus haerent.
dant Cererem lectumque pecus nec palmite Bacchum
Bithyno Phrygiove satum, sed quem sua noto
colle per angustae Lesbos freta suggerit Helles.
ipse agit Aesonidae iunctos ad litora gressus
Cyzicus abscessu lacrimans †coniunx persocia vestes† 9
muneribus, primas coniunx Percosia vestes 25
quas dabat et picto Clite variaverat auro,
tum galeam et patriae telum insuperabile dextrae
addidit. ipse ducis pateras et Thessala contra
frena capit manibusque datis iunxere penates.
Tu mihi nunc causas infandaque proelia, Clio,
pande virum! tibi enim superum data, virgo, facultas
nosse animos rerumque vias. cur talia passus
arma, quid hospitiis iunctas concurrere dextras
Iuppiter? unde tubae nocturnaque movit Erinys?
Dindyma sanguineis famulum bacchata lacertis
dum volucri quatit asper equo silvasque fatigat

Inscr.: C. VALERI FLACCI BALBI SETINI EXPLICIT LIBER II INCIPIT LIBER III ω

1 umbras Ha, *nonn. ap. Pium* : undas ω 4 Aenidae *V-1523* : caeneadae ω 9 *e. g.* oneratque superbis *V-1523* 25 *suo loco V-1523* prima α 12 phaleras *Heins.* 13 penates *Gronov. (4, 21)* : nepotes ω 15 tibi] ubi α 18 mugit *Bailey* 19 Dindama ω, *corr. B-1474*

Cyzicus, ingenti praedae deceptus amore
adsuetum Phrygias dominam vectare per urbes
oppressit iaculo redeuntem ad frena leonem.
et tunc ille iubas captivaque postibus ora
imposuit, spolium infelix divaeque pudendum.
quae postquam Haemoniam tantae non immemor irae
aerisono de monte ratem praefixaque regum
scuta videt, nova monstra viro, nova funera volvit,
ut socias in nocte manus utque impia bella
conserat et saevis erroribus implicet urbem.
  Nox erat et leni canebant aequora sulco
et iam prona leves spargebant sidera somnos.
aura vehit, religant tonsas veloque Procneson
et te iam medio flaventem, Rhyndace, ponto
spumosumque legunt fracta Scylaceon ab unda.
ipse diem longe solisque cubilia Tiphys
consulit, ipse ratem vento stellisque ministrat.
atque illum non ante sopor luctamine tanto
lenit agens divum imperiis. cadit inscia clavo
dextera demittitque oculos solataque puppis
turbine flectit iter portuque refertur amico.
  Ut notis adlapsa vadis, dant aethere longo
signa tubae vox et mediis emissa tenebris:
'hostis habet portus, soliti rediere Pelasgi!'
rupta quies, deus ancipitem lymphaverat urbem
Mygdoniae Pan iussa ferens saevissima Matris,
Pan nemorum belli⟨que⟩ potens, quem lucis ab horis
antra tenent, patet ad medias per devia noctes

23 oppressit M^2 *B-1474* : -ssus ω 24 tunc *V-1523* : nunc ω iuvas α 33 leve α 34 religant R^1 *B-1498* : -gat ω Procneson *Pius* : -nesson ω 35 et te *B-1474* : ecce ω 36 Scyll- L 40 lenit agens M^2 *B-1474* : leni tangens ω lenit *susp.* 41 dem- X : dim- ω 47 Mydoniae α Pan iussa M^2 *B-1474* : panius ista ω 48 Panemorum α ⟨que⟩ *B-1474* ab horis *Mas.* : adoris ω

saetigerum latus et torvae coma sibila frontis.
vox omnes super una tubas, qua conus et enses,
qua trepidis auriga rotis nocturnaque muris
claustra cadunt. talesque metus non Martia cassis
Eumenidumque comae, non tristis ab aethere Gorgo
sparserit aut tantis aciem raptaverit umbris.
ludus et ille deo, pavidum praesepibus aufert
cum pecus et profugi sternunt dumeta iuvenci.
  Ilicet ad regem clamor ruit. exsilit [ab] altis
somnia dira toris simulacraque pallida linquens
Cyzicus. ecce super foribus Bellona reclusis
nuda latus passuque movens orichalca sonoro
adstitit et triplici pulsans fastigia crista
inde ciere virum. sequitur per moenia demens
ille deam et fatis extrema in proelia tendit,
qualis in Alciden et Thesea Rhoecus iniqui
nube meri geminam Pholoen maioraque cernens
astra ruit qualisve redit venatibus actis
lustra pater Triviamque canens umeroque Learchum
advehit, at miserae declinant lumina Thebae.
iamque adeo nec porta ducem nec pone moratur
excubias sortita manus, quae prima furenti
advolat. hinc alii subeunt, ut proxima quaeque
intremuit domus et motus accepit inanes.
  At Minyas anceps fixit pavor. aegra virorum
corda labant nec quae regio aut discrimina cernunt,
cur galeae clipeique micent, num pervigil armis,
donec et hasta volans immani turbine transtris
insonuit monuitque ratem rapere obvia caeca

55 *cf. Nováková 143* 58 [ab] SL^1 63 indi ω, *corr. B-1474* 64 fastis α 65 Thesea M^2 *B-1474* : these ω Rhoecus *Vossius* : -tus ω 68 triamque α Leaschum α 76 galileaeque V armis *scil. hostis sit* 77 *versum margini codicis Carrionis adscriptum perperam numerant editores* (hostis et exciti dent obvia praelia Colchi). *numeros inveteratos invitus recepi.*

arma manu. princeps galeam constringit Iason
vociferans:'primam hanc nati, pater, accipe pugnam
vosque, viri, optatos huc adfore credite Colchos.'
Bistonas in medios ceu Martius exsilit astris
currus, ubi ingentes animae clamorque tubaeque
sanguineae iuvere deum, non segnius ille
occupat arva furens; sequitur vis omnis Achivum.
adglomerant latera et densis thoracibus horrens
stat manus, aegisono quam nec fera pectore virgo
dispulerit nec dextra Iovis Terrorque Pavorque,
Martis equi. sic contextis umbonibus urgent
caeruleo veluti cum Iuppiter agmine nubem
constituit. certant Zephyri frustraque rigentem
pulsat utrimque Notus. pendent mortalia longo
corda metu, quibus illa fretis, quibus incidat arvis.
Hinc manus infelix clamore impellere magno
saxa facesque atras et tortae pondera fundae.
fert sonitus immota phalanx irasque retentant,
congeries dum prima fluat. stellantia Mopsus
tegmina et ingentem Corythi notat Eurytus umbram.
restitit ille gradu seseque a lumine ferri
sustinuit praeceps, subitum ceu pastor ad amnem
spumantem nimbis fluctuque arbusta ruentem.
at Tydeus 'en intentis quem viribus' inquit
'opperiar manibusque dari quem comminus optem.
quo steteris moriere loco!' subit ilia cuspis
Olenii, dedit ille sonum compressaque mandens
aequora purpuream singultibus expulit hastam.
ac velut in medio rupes latet horrida ponto,
quam super ignari numquam rexere magistri

85 sanguin(a)e α 88 pectore M^1 *B-1474* : -ra ω 94 metus LV 95 manus M^2 *B-1474* : munus ω clamor LV 96 facesque XL : pacesque α 99 umbram M^2 *B-1474* : -bra ω, umbr[V 103 at C : et ω 105 subit ilia L^2 : subtilia ω 106 Olenii C : Ochenii ω

praecipites impune rates, sic agmine caeco
incurrit strictis manus ensibus. occubat Iron
et Cotys et Pyrno melior genitore Bienor.
At magis interea diverso turbida motu
urbs agitur. Genyso coniunx amoverat arma;
ast illi subitus ventis vivoque reluxit
torre focus: telis gaudes, miserande, repertis.
linquit et undantes mensas infectaque pernox
sacra Medon; chlamys imbelli circumvenit ostro
torta manum strictoque vias praefulgurat ense.
talis in arma ruit nec vina dapesque remota
statque loco torus inque omen mansere ministri.
inde vagi nec tela modis nec casibus isdem
conseruere manu et longe iacuere perempti.
Ecce gravem nodis pinguique bitumine quassans
lampada turbata Phlegyas decurrit ab urbe.
ille leves de more manus aciemque Pelasgum
per noctem remeasse ratus pulsumque requirens
saepe sibi vano Thamyrum clamore petebat
arduus et late fumanti nube coruscus.
quantus ubi immenso prospexit ab aethere Typhon
igne simul ventisque rubens, quem Iuppiter alte
crine tenet. trepidant diro sub lumine puppes.
tollitur hinc totusque ruit Tirynthius acri
pectore, certa regens adversa spicula flamma.
per piceos accensa globos et pectus harundo
per medium contenta fugit, ruit ille comanti
ore facem supra maiorque apparuit ignis.

111 occupat α 113 At *F-1503* : Et ω 116 torre *B-1474* : terre ω telis *B-1474* : tellis ω 121 inque *Caussin* : in quo ω 122 isdem M^2 *B-1474* : idem ω 123 manus L, *possis cum Fontio etiam* manus longe et 125 ple- α decurrit M^2 *B-1474* : -at ω 127 ratur α 128 Thamyram *Heins.* 132 lum- *F-1481* : lim- ω 133 acri *Heins.* : arcu ω 137 ore *F-1481* : ora ω faciem α

Ambrosium Peleus, ingentem Ancaeus Echeclum
sternit et elatae propius succedere dextrae
Telecoonta sinit librataque ora securi
disiecit cervice tenus. simul aspera victor
cingula sublustri vibrantia detrahit umbra.
'has, precor, exuvias ⟨et⟩ opima cadavera' Nestor
'linquite!' ait. 'ferro potius mihi dextera, ferro
navet opus!' prensumque manu detruncat Amastrum
diversasque simul socios invadere turmas
admonuit. pergunt rupta testudine fusi
qua tenebrae campique ferunt. gravis invenit Ochum
Phlias et trepido Pollux impingitur Hebro.
ipse super vultus taboque natantia terga
dux campi Martisque potens, ut caeca profundo
currit hiems, Zelyn et Bronten Abarinque relinquit
semineces. Glaucum sequitur Glaucumque ruentem
occupat et iugulo vulnus molitur aperto.
ille manu contra telum tenet ultima frustra
verba ciens fixamque videt decrescere cornum.
hinc Halyn, hinc rigido transcurrens demetit ense
Protin et insignem cithara cantuque fluenti
Dorcea, qui dulci festis adsistere mensis
pectine Bistoniae magnum post ausus alumnum.
nec pharetram aut|acres|ultra Tirynthius arcus
exercet, socia sed disicit agmina clava.
ac veluti magna iuvenum cum densa securi

138 Echeclum *Thilo* : echelum ω 140 -coonta *B-1474* : -conta ω librataque *Bailey* : delicataque ω; *cf. Aen. 12,306-308* 143 ⟨et⟩ *B-1474* Nestor *V-1523* : nostro ω 146 – 185 *folio exscisso desunt in* V 146 socios $X^{1?}$: ocios ω 149 Phlias *B-1474* : Pelias ω 150 natantia *Heins.* : labantia ω 152 Zelyn et Bronten *Mas. coll. Apoll. Rhod. 1,1041 sq.* : Zelen et Broten ω 157 Halyn] alyn L, calyn S 158 Protin et XE : protinus ω 162 -icit M^2 *F-1481* : -icet L, -sicet S

silva labat cuneisque gemit grave robur adactis
iamque abies piceaeque ruunt, sic dura sub ictu
ossa virum malaeque sonant sparsusque cerebro
albet ager. levis ante pedes subsederat †Hidmon†.
occupat os barbamque viri clavamque superne
intonat 'occumbes' et 'nunc' ait 'Herculis armis,
donum ingens semperque tuis mirabile fatum.'
horruit ille cadens nomenque agnovit amicum
primus et ignaris dirum scelus attulit umbris.
nec tibi Thessalicos tunc profuit, Ornyte, reges
hospitiis aut mente moras fovisse benigna
et dapibus sacrasse diem. procul advenit Idmon
oblatumque ferit, galeam cristasque rubentes
(heu tua dona) gerens. quem te qualemque videbit
attonitus, Crenaee, parens! en frigidus orbes
purpureos iam somnus obit, iam candor et anni
deficiunt vitaque fugit decus omne soluta.
desere nunc nemus et nympharum durus amores!
at diversa Sagen turbantem fallere nervo
tum primum puer ausus Hylas (spes maxima bellis
pulcher Hylas, si fata sinant, si prospera Iuno)
prostravitque virum celeri per pectora telo.
Accessere (nefas) tenebris fallacibus acti
Tyndaridae in sese. Castor prius ibat in ictus
nescius, ast illos nova lux subitusque diremit
frontis apex. tum Castor Ityn, qua caerulus ambit
balteus et gemini committunt ora dracones,
frater Hagen Thapsumque securigerumque Nealcen
transigit et Canthi pallentem vulnere Cydrum.

164 cuneisque M[1] : cuncisque X, cunctisque LS 169 intonat *susp.* occumbes *F-1481* : -ens ω 170 fatum *Kramer* : -tis ω *quo retento* memorabere *Koch* 174 fovisse moras ω, *corr.* L[1] 175 dapibus *Samuelsson Eranos 6, 1905-06, 91* : claribus ω 182 -sa Sagen C : -sas agent ω 184 pulcher] puer S 191 Nealcen *F-1481* : -ce ω

torserat hic totis conisus viribus hastam
venatori Erymo, brevis hanc sed fata ferentem
prodidit et piceo comitem miserata refulsit
Luna polo. cessere iubae raptumque per auras
vulnus et extrema sonuit cita cuspide cassis.
Nisaeum Telamon et Ophelten vana sonantem
per clipei cedentis opus artemque trilicem,
qua stomachi secreta, ferit laetusque profatur:
'di, precor, hunc regem aut aeque delegerit alta
fors mihi gente satum magnusque et flebilis urbi
conciderit.' super addit Aren fratremque Melanthum
Phoceaque Oleniden, ⟨Le⟩legum qui pulsus ab oris
regis amicitiam et famuli propioris honores
(qua patiens non arte?) tulit. nox alta cadentum
ingentes resonat sonitus augetque ruinas.
ut magis Inarime, magis ut mugitor anhelat
Vesbius, attonitas acer cum suscitat urbes,
sic pugnae crebrescit opus neque enim ignea cedunt
astra loco, lentis haeret nox conscia bigis.
  Perge age Tartareae mecum simul omnia noctis,
Musa, sequi. trepidam Phaethon adflavit ab alto
Tisiphonen graviorque locos iam luce propinqua
umbra premit. non signa virum, non funera cernunt
et rabie magis ora calent. vos prodite, divae,
Eumenidum noctisque globos vatique patescat
armorum fragor et tepidi singultibus agri
labentem atque acti Minyis per litora manes.
  Cyzicus hic aciem vanis discursibus implet

197 cuspide cassis *def. Stroh 94*; casside cuspis C   199 ars trilix *i. e. lorica; ad rem et metrum cf. Strand 88sqq.*   201 aeque] aliquem E[1] *Delz*   204 ⟨Le⟩ M[2] *B-1474*   207 resonat *Heins.* : denset *Gronov. (1, 18)* : donec ω   209 Vesubius ω, *corr. B-1498*   *post 209 lac. ind. Kramer*   212 simul *B-1498* : semel ω   213 Pheton ω, *corr. B-1474*   216 rabie *B-1474* : -em ω   vos M[2] *B-1474* : pros ω

fata trahens. iam pulsa sibi cessisse Pelasgum
agmina, iam passim vacuos disiecta per agros
credit ovans. tales habitus, ea gaudia fingit
ira deum. fundo veluti cum Coeus in imo
vincla Iovis fractoque trahens adamante catenas
Saturnum Tityumque vocat spemque aetheris amens
concipit, ast illum fluviis et nocte remensa
Eumenidum canis et sparsae iuba reppulit Hydrae.
saevit acerba fremens tardumque a moenibus agmen
increpitat: 'numquamne dolor virtusve subibit
nil ausas sine rege manus? at barbara buxus
si vocet et motis ululantia Dindyma sacris,
tunc ensis placeatque furor, modo tela sacerdos
porrigat, et iussa sanguis exuberet ulna.'
talibus insultans iamdudum numine divae
deficit, infracti languescunt frigore cursus,
corda pavent, audit fremitus irasque leonum
cornuaque et motas videt inter nubila turres.
tunc gravis et certo tendens stridore per umbram
Aesonii venit hasta ducis latumque sub imo
pectore rumpit iter. quam nunc incognita vellet
lustra sibi nullosque datos venatibus annos!
talia magnanimi diverso turbine fundunt
tela viri sonitusque pedum suspectaque motu
explorant, prensant socios vocemque reposcunt.
quod si tanta lues seros durasset in ortus,
exstinctum genus et solas per moenia matres
vidisset stratamque dies in litore gentem.

223 habitus R[2] *Heins.* : auditus ω 224 *om.* L 226 amens M[2] *F-1481* : amans ω 230 virtusve *Markland ap. Courtney 1* : virtute ω 234 *post* porrigat *dist. Bailey* iussa Ha : iusta ω sanguiis ω, *corr.* X ulna *Grotius (ad Lucan. 2,338)* : urna ω 236 frigore cursus] frore cursus V, *om.* S 242 nullisque *Bailey* 245 reposc- LV 246 quo α (t. solis) lues *V-1523* : (t.) iovis (seros) ω

Tum pater omnipotens, tempus iam rege perempto
flectere fata ratus miserasque abrumpere pugnas,
supremam celeravit opem nutuque sereno
intonuit, quem Nocte satae, quem turbidus horret
Armipotens. tunc porta trucis coit infera belli.
continuo dant terga metu versique per agros
diffugiunt, quae sola salus. nec terga ruentum
mens Minyis conversa sequi, stetit anxia virtus.
ecce levi primos iam spargere lumine portus
orta dies notaeque (nefas) albescere turres.
'di maris,' attonito conclamat ab agmine Tiphys
'ut mea fatali damnastis pectora somno.
heu socii quantis complerunt litora monstris!'
illi autem neque adhuc gemitus neque conscia facti
ora levant. tenet exsangues rigor horridus artus
ceu pavet ad crines et tristia Pentheos ora
Thyias, ubi impulsae iam se deus agmine matris
abstulit et caesi vanescunt cornua tauri.
nec minus effusi grandaevum ad litora vulgus
ut socias videre manus dare versa retrorsus
terga metu. dextram tendens proclamat Iason:
'quos fugitis? vellem hac equidem me strage meosque
procubuisse magis. deus haec, deus asper utrisque
implicuit. sumus en Minyae, sumus hospita turba!'
Tum super exsangues confertae caedis acervos
praecipiti plangore ruunt, agnoscit in alta
strage virum sua texta parens, sua munera coniunx.
it gemitus toto sinuosa per aequora caelo.
pars tenues flatus et adhuc stridentia prensat

251 suprema LV celeravit M^{c} *B-1519* : celebrabit ω 252 satiae L 254 versique TC : aversique ω 257 primos *Heins., i. e. primam portus partem* : -o ω 272 sumus^{1} *om.* L, *add.* L^{1} en M^{2} *B-1474* : eu ω sumus^{2} *om.* α 273 *post* 310 *coll. Thilo* 274 -fertae *B-1498* : -sertae (-tes V) ω 277 it R^{2} *B-1498* : et ω 278 flatus C : fletus ω

vulnera, pars sera componunt lumina dextra.
at vero in mediis exsangui rege reperto
aggeribus, tristi sileant ceu cetera planctu,
sic famulum matrumque dolor, sic omnis ad unum
versa manus. circa lacrimis ac mentibus aegri
stant Minyae deflentque nefas et cuspidis ictus
Aesoniae sortemque ducis solantur acerbam.
ille ubi concretos pingui iam sanguine crines
pallentesque genas infractaque pectore caro
tela neque hesternos agnovit in hospite vultus,
ingemit atque artus fatur complexus amicos:
'te tamen ignarum tanti, miserande, furoris
nox habet et nullo testantem foedera questu,
at mihi luctificum venit iubar. heu quibus adsum
conloquiis, cui me hospitio fortuna revexit!
exstinguine mea (fatis id defuit unum)
speravi te posse manu talisve reliqui
has ego, amice, domos? quod si iam bella manebant
et placitum hoc superis, nonne haec mea iustius essent
funera meque tuus ⟨potius⟩ nunc plangeret error
nec Clarii nunc antra dei quercusque Tonantis
arguerem? talesne acies, talesne triumphos
sorte dabant? tantumque nefas mens conscia vatum
conticuit patriae exitium crudele senectae
et tot acerba canens? heu divis visa sinistris
regna mihi! quinam reditus, quae me hospita tellus
accipiet, quae non primis prohibebit harenis?
invidere dei ne Phasidis arva remoti
et Scythicas populatus opes haec rursus adirem
litora neve tuos irem tunc ultor in hostes.
fas tamen est conferre genas, fas iungere tecum

288 tela *B-1474* : taele ω 290 tante LV 292 iubar en ω, *corr. Thilo* : iuvarint α 294 id *B-1498* : ia ω 297 esset ω, *corr.* L[1] 298 ⟨potius⟩ Vat, ⟨melius⟩ *B-1474* 302 *ob 2,2sq. et 7,494 susp.*

pectora et exsangues miscere amplexibus artus.
cur etiam flammas miserosque moramur honores?
vos age funereas ad litora volvite silvas
et socios lustrate rogos, date debita caesis
munera, quae nostro misisset Cyzicus igni.'
  Parte alia Clite laceras super ora mariti
fusa comas misera in planctus vocat agmina matrum
fatur et haec: 'primis coniunx ereptus in annis
cuncta trahis. necdum suboles nec gaudia de te
ulla mihi, quis maesta tuos nunc, optime, casus
perpeterer tenui luctum solamine fallens.
Mygdonis arma patrem funestaque proelia nuper
natales rapuere domos Triviaeque potentis
occidit arcana genetrix absumpta sagitta:
tu, mihi qui coniunx pariter fraterque parensque
solus et a prima fueras spes una iuventa,
deseris heu totamque deus simul impulit urbem.
ast ego non media te saltem, Cyzice, vidi
tendentem mihi morte manus aut ulla monentis
verba tuli; quin te thalamis modo questa morari
heu talem tantique metus secura recepi.'
illam vix gemino maerens cum Castore Pollux
erigit haerentem compressaque colla trahentem.
  Interea innumeras nudatis montibus urgent
certatim decorantque pyras et corpora maesti
summa locant. vadit sonipes cervice remissa
venatrix nec turba canum pecudumque morantur
funereae, quae cuique manus, quae cura suorum,
quae fortuna fuit. medio rex aggere longe

273 *transp. Thilo* 313 munera] mune V 320 Micd- α 326 saltem Vat : -tim ω 328 te *Schenkl* : et ω 330 gemino M^{c} *B-1498* : -nam ω 333 corpora R^{2} *V-1523* : tempora ω 335 vernatrix L^{ac1}V turma LV pecudesque *Hoeufft (Peric. crit. 315) fort. recte* 336 inferiae *Heins. in Burm. Sylloge 4, 336* 337 longe *Pius* : -o ω

eminet, hunc crebris quatiens singultibus ora
adlevat Aesonides celsoque reponit in ostro.
dat pictas auro atque ardentes murice vestes
quas rapuit telis festina vocantibus Austris
Hypsipyle. galeam dilectaque cingula regi
inicit. ille suam vultus conversus ad urbem
sceptra manu veterum retinet gestamen avorum.
nam quia nec proles alius nec denique sanguis,
ipse decus regnique refert insigne parenti.
inde ter armatos Minyis referentibus orbes
concussi tremuere rogi, ter inhorruit aether
luctificum clangente tuba. iecere supremo
tum clamore faces, rerum labor omnis in auras
solvitur et celsis conlucent aequora flammis.
scilicet haec illo iuvenem populosque manebant
tempore, Peliacis caderet cum montibus arbor:
hoc volucrumque minae praesagaque fulmina longo
acta mari tulerant. sed quis non prima refellat
monstra deum longosque sibi non auguret annos?
iamque solutus honos cineri, iam passibus aegris
dilapsae cum prole nurus tandemque quiescunt
dissona pervigili planctu vada, qualiter Arctos
ad patrias avibus medio iam vere revectis
Memphis et aprici statio silet annua Nili.
At non inde dies nec quae magis aspera curis
nox Minyas tanta caesorum ab imagine solvit.
bis Zephyri iam vela vocant. fiducia maestis

340 pictas *B-1474* : piceas ω 341 festina C : fortuna ω 342 regi *B-1498* : regni ω 346 parenti *Madvig Adv. 2, 140* : -tis ω 347 ter *V-1523* : per ω urbes α 350 regum *Gronov. (1, 18)* 359 Arctos R *B-1498* : arcos ω 361 silet LX : silicet α Nili LX : -is α 362 nec quae *Vossius* : neque ω 363 Minyas] minimas α caes- *F-1503* : laes- ω 364 fiducia - aestu (*v. 365*) *exhib.* f

nulla viris, aegro adsidue mens carpitur aestu
necdum omnes lacrimas atque omnia reddita caesis
iusta putant. patria ex oculis acerque laborum
pulsus amor segnique iuvat frigescere luctu.
ipse etiam Aesonides, quamquam tristissima rerum
castiganda duci vultuque premenda sereno,
dulcibus indulget lacrimis aperitque dolorem.
tum secreta trahens Phoebeum ad litora Mopsum
'quaenam' ait 'ista lues aut quae sententia divum?
decretusne venit fato pavor an sibi nectunt
corda moras? cur immemores famaeque larisque
angimur aut pariet quemnam haec ignavia finem?'
'Dicam' ait 'ac penitus causas labemque docebo.'
Mopsus et astra tuens: 'non si mortalia membra
sortitusque breves et parvi tempora fati
perpetimur, socius superi quondam ignis Olympi,
fas ideo miscere neces ferroque morantes
exigere hinc animas redituraque semina caelo.
quippe nec in ventos nec in ultima solvimur ossa;
ira manet duratque dolor. cum deinde tremendi
ad solium venere Iovis questuque nefandam
edocuere necem, patet ollis ianua leti
atque iterum remeare licet. comes una sororum
additur et pariter terras atque aequora lustrant.
quisque suos sontes inimicaque pectora poenis
implicat et varia meritos formidine pulsant.
at quibus invito maduerunt sanguine dextrae,
si fors saeva tulit miseros, sed proxima culpa,
hos variis mens ipsa modis agit et sua carpunt
facta viros: resides et iam nil amplius ausi
in lacrimas humilesque metus aegramque fatiscunt

365 viris] animis f   367 iuxta ω, *corr.* L[1]   acer- C : sacer- ω   374 sibi *Pius* : tibi ω   375 cur M[c] *F-1503* : cum ω   382 exiere α   392 sed proxima culpa *susp.*   culpae Bu

segnitiem, quos ecce vides. sed nostra requiret
cura viam. memori iam pridem cognita vati
est procul ad Stygiae devexa silentia noctis
Cimmerium domus et superis incognita tellus
caeruleo tenebrosa situ, quo flammea numquam
Sol iuga sidereos nec mittit Iuppiter annos.
stant ⟨ta⟩citae frondes immotaque silva comanti
horret Averna iugo. specus umbrarumque meatus
subter et Oceani praeceps fragor arvaque nigro
vasta metu et subitae post longa silentia voces.
ensifer hic atraque sedens in veste Celaeneus
insontes errore luit culpamque remittens
carmina turbatos volvit placantia manes.
ille mihi quae danda forent lustramina caesis
prodidit, ille volens Erebum tenebrasque retexit.
ergo ubi puniceas oriens accenderit undas,
te socios adhibere sacris armentaque magnis
bina deis, me iam coetus accedere vestros
haud fas interea, donec lustralia pernox
vota fero. movet en gelidos Latonia currus:
flecte gradum, placitis sileant age litora coeptis!'
Iamque sopor mediis tellurem presserat horis
et circum tacito volitabant somnia mundo,
cum vigil arcani speculatus tempora sacri
Ampycides petit adversis Aesepia silvis
flumina et aequoreas pariter decurrit ad undas.
hic sale purpureo vivaque nitentia lympha

397 vati Bu : -e ω cura viam memori iam pridem condita mente *Bentley ap. Haupt Opusc. 3, 105* 401 annos *i. e. tempora anni* 402 ⟨ta⟩ *B-1498* 403 Averna *Heins.* : verna ω 404 *post* 405 α 409 forent X : fores ω 410 tenebras- *Gronov. (4, 21)* : terras- ω 411 acc- *Burman* : asc- ω 412 te *Koster 91sq. (scil. te adhibere fas est, me accedere haud fas)* : tu ω 414 aut ω, *corr.* P *F-1481* 421 undas S : -am LV

membra novat seque horrificis accommodat actis.
tempora tum vittis et supplice castus oliva
implicat et stricto designat litora ferro,
circum humiles aras ignotaque nomina divum
instituit silvaque super contristat opaca:
utque metum numenque loco sacramque quietem
addidit, ardenti nitidum iubar evocat alto.
  Atque Argoa manus variis insignis in armis
ibat agens lectas aurata fronte bidentes.
Delius hic longe candenti veste sacerdos
occurrit ramoque vocat iamque ipse recenti
stat tumulo placida transmittens agmina lauro.
ducit et ad fluvios ac vincula solvere monstrat
prima pedum glaucasque comis praetexere frondes
imperat, hinc alte Phoebi surgentis ad orbem
ferre manus totisque simul procumbere campis.
tunc piceae mactantur oves prosectaque partim
pectora per medios, partim gerit obvius Idmon.
ter tacitos egere gradus, ter tristia tangens
arma simul vestesque virum lustramina ponto
pone iacit, rapidis adolentur cetera flammis.
quin etiam truncas nemorum[que] effigiesque virorum
rite locat quercus simulataque subligat arma.
huc Stygias transire minas iramque severi
sanguinis, his orat vigiles incumbere curas
atque ita lustrifico cantu vocat: 'ite, perempti,
ac memores abolete animos. sint otia vobis,
sit Stygiae iam sedis amor, procul agmine nostro
et procul este mari cunctisque absistite bellis.

423 horrigis α   424 victis α   431 bid- LX : vid- α   433 recentis α   435 -a cunicula ω, *corr.* L^1 436 glaucasque M^2 : -aque ω   439sq. *explic. Koestlin Philol. 50, 1891, 332*   440 per medios *scil. gerit Mopsus*   partim *V-1523* : -tem ω   444 [que] S   numero effigieque *Bailey*   447 agminis *Heins.*   449 abolete X : abolet ω   animos R^2 *Pius* : -as ω

vos ego nec Graias umquam contendere ad urbes
nec triviis ululare velim pecorique satisque
nullae ideo pestes nec luctifer ingruat annus
nec populi nostrive luant ea facta minores.'
dixerat et summas frondentibus intulit aris
libavitque dapes, placidi quas protinus angues,
umbrarum famuli, linguis rapuere coruscis.
Continuo puppem petere et considere transtris
imperat Ampycides nec visum vertere terrae:
exciderint quae gesta manu, quae debita fatis.
illi alacres pars arma locant, pars ardua ⟨summis⟩
insternunt tabulata toris oriturque trementum
remorum sonus et laetae concordia vocis.
Iuppiter urgentem ceu summa Ceraunia nubem
cum pepulit movitque iugis, fulsere repente
et nemora et scopuli nitidusque reducitur aether,
sic animi rediere viris iamque ipse magister
nutat ab arce ratis remisque insistere tendit.
instaurant primi certamina liber amictu
Eurytus et dictis Talai non territus Idas,
inde alii increpitant atque aequora pectore tollunt.
par gemitu pulsuque labor versumque vicissim
mittitur in puppem remo mare. laetus et ipse
Alcides 'quisnam hos vocat in certamina fluctus?'
dixit et intortis adsurgens arduus undis
percussit subito deceptum fragmine pectus
atque in terga ruens Talaum fortemque Eriboten
et longe tantae securum Amphiona molis
obruit inque tuo posuit caput, Iphite, transtro.

454 ingruat OQMal : -gravat ω 455 nostrive luant ea M^{2} *V-1523* : nostri vel antea ω 457 -bitque ω, *corr.* X 462 ⟨summis⟩ L^{1}, ⟨raptis⟩ *Kramer* 466 novitque α 469 insistere *Wagner 1, 637* : obsistere ω *i. e. magister viros remis insistere contendit* 471 Talai *B-1498* : eali ω 474 lactus α 478 -que^{2} *om.* L 479 Amphionia L^{ac1}

Iam summas caeli Phoebus candentior arces
vicerat et longas medius revocaverat umbras.
tardior hinc cessante viro quae proxima Tiphys
litora quosque dabat densa trabe Mysia montes
advehitur. petit excelsas Tirynthius ornos,
haeret Hylas lateri passusque moratur iniquos.
Illum ubi Iuno poli summo de vertice puppem
deseruisse videt, tempus rata diva nocendi
Pallada consortem curis cursusque regentem,
nequa inde inceptis fieret mora, fallere prima
molitur caroque dolis avertere fratri,
tum sic adloquitur: 'procerum vi pulsus iniqua
germanique manu (repetis quo crimine) Perses
barbaricas iam movit opes Hyrcanaque signa.
Aeetes contra thalamis et virgine pacta
conciliat reges Scythicos primusque coacta
advehit Albana Styrus gener agmina porta,
bellum ingens, atque ipse citis Gradivus habenis
fundit equos. viden Arctoo de carcere quanta
tollat se nubes atque aequore pendeat atro?
corripe prima vias. finem cum Phasidis alti
transierit Perses aciemque admoverit urbi,
coepta refer paulumque moras et foedera necte
consiliis atque arte tua. sponde adfore reges
dis genitos, quis arma volens, quis agmina iungat.'
at virgo, quamquam insidias aestusque novercae
sentiat et blandos quaerentem fingere vultus,
obsequitur tamen et iussas petit ocius oras.

481 cand- LX : cad- S, and- V   482 vicerat SL^1 : vinc- LV   longas SL^1 : -asi LV   486 psass- $L^{ac}V$ 487 poli L^1 : -is ω (-im S)   490–492 prima . . molitur . . ., tum . . adloquitur   493 repetis *Mas.* : -it ω   497sq. *dist. Strand 92*   499 carcere *cf. Strand 91*; cardine *Heins.*   502 aciem- *B-1498* : faciem- ω   503 refer *B-1474* : -fert ω   moras *Burman* : nefas ω   506 astusque *B-1498*

Ingemuit Iuno tandemque silentia rumpit:
'en labor, en odiis caput insuperabile nostris!
quam Nemeen tot fessa minis quae bellave Lernae
experiar? Phrygiis ultro concurrere monstris
nempe virum et pulso reserantem Pergama ponto
vidimus: en ego nunc regum soror – et mihi gentis
ullus honos? iam tum indecores iussaeque dolorum
primitiae et tenero superati protinus angues.
debueram nullos iuveni iam quaerere casus
victa nec ⟨ad⟩ tales forsan descendere pugnas.
verum animis insiste tuis †actumque movebo†
tende, pudor; mox et Furias Ditemque movebo.'
haec ait et pariter laevi iuga pinea montis
respicit ac pulchro venantes agmine nymphas,
undarum nemorumque decus. levis omnibus arcus
et manicae virides et stricta myrtus habena,
summo palla genu, tenui vagus innatat unda
crinis ad obscurae decurrens cingula mammae.
ipsa citatarum tellus pede plausa sororum
personat et teneris summittit gramina plantis.
e quibus Herculeo Dryope percussa fragore,
cum fugerent iam tela ferae, processerat ultra
turbatum visura nemus fontemque petebat
rursus et attonitos referebat ab Hercule vultus.
hanc delapsa polo piceaeque adclinis opacae
Iuno vocat prensaque manu sic blanda profatur:
'quem tibi coniugio tot dedignata dicavi,

510 caput LX : cupit α 511 bellave *Columbus* : belua ω 513 pulso *Columbus* : pulchro ω relevantem *Bailey* 515 indecores *V-1523* : -re ω iussae *cf. Housman Class. Quart. 17, 1923, 164* 516 pritiae LV 518 ⟨ad⟩ *B-1474* forsas α 519 astumque *Heins.* per omnem C, tueri *Kramer* 520 -que movebo X : quomodo (quoque S) verbo ω 524 habena *B-1498* : harena ω 525 unda L : umbra L^1α : aura *Markland ap. Courtney 1, 107*

nympha, procos, en Haemonia puer adpulit alno,
clarus Hylas, saltusque tuos fontesque pererrat.
vidisti roseis haec per loca Bacchus habenis
cum domitas acies et eoi fercula regni
duceret ac rursus thiasos et sacra moventem.
hunc tibi vel posito venantem pectine Phoebum
crede dari. quae spes nymphis aufertur Achaeis,
praereptum quanto proles Boebeia questu
audiet et flavi quam tristis nata Lycormae!'
sic ait et celerem frondosa per avia cervum
suscitat ac iuveni sublimem cornibus offert.
ille animos tardusque fugae longumque resistens
sollicitat suadetque pari contendere cursu.
credit Hylas praedaeque ferox ardore propinquae
insequitur, simul Alcides hortatibus urget
prospiciens. iamque ex oculis aufertur uterque,
cum puerum instantem quadripes fessaque minantem
tela manu procul ad nitidi spiracula fontis
ducit et intactas levis ipse superfugit undas.
hoc pueri spes lusa modo est nec tendere certat
amplius; utque artus et concita pectora sudor
diluerat, gratos avidus procumbit ad amnes.
stagna vaga sic luce micant ubi Cynthia caelo
prospicit aut medii transit rota candida Phoebi,
tale iubar diffundit aquis: nil umbra comaeque
turbavitque sonus surgentis ad oscula nymphae.
illa avidas iniecta manus heu sera cientem
auxilia et magni referentem nomen amici
detrahit, adiutae prono nam pondere vires.

536 Haemenia α 537 carus *Baehrens* 538 vidistis α 539 fercula *Pius* : percula ω 543 prole α 546 iuveni *B-1474* : -is ω (-em S) sublimen L 547 tardosque L 549 credit *ob v. 569 susp.*, fervet *e. g. Ehlers* 555 spes lusa V^cR^2 *V-1523* : -s perfusa ω 557 amn- M^2 *B-1474* : omn- ω 564 iam XΠ

Iam pater umbrosis Tirynthius arcibus ornum
depulerat magnoque iugi stridore revulsam
terga super fulvi porrexerat horrida monstri
litora curva petens; alio nam calle reversum
credit Hylan captaque dapes auxisse ferina.
sed neque apud socios structasque in litore mensas
unanimum videt aeger Hylan nec longius acrem
intendens aciem. varios hinc excitat aestus
nube mali percussus amor, quibus haeserit oris,
quis tales impune moras casusve laborve
attulerit. densam interea descendere noctem
iam maiore metu, tum vero et pallor et amens
cum piceo sudore rigor. ceu pectora nautis
congelat hiberni vultus Iovis agricolisve,
cum coit umbra minax, comitis sic adficit error
Alciden saevaeque monet meminisse novercae.
continuo, volucri ceu pectora tactus asilo
emicuit Calabris taurus per confraga saeptis
obvia quaeque ruens, tali se concitat ardens
in iuga senta fuga. pavet omnis conscia late
silva, pavent montes, luctu succensus acerbo
quid struat Alcides tantaque quid apparet ira.
ille, velut refugi quem contigit improba Mauri
lancea sanguineus vasto leo murmure fertur
frangit et absentem vacuis sub dentibus hostem,
sic furiis accensa gerens Tirynthius ora
fertur et intento decurrit montibus arcu.
heu miserae quibus ille feris, quibus incidit usquam
immeritis per lustra viris! volat ordine nullo
cuncta petens, nunc ad ripas deiectaque saxis

565 ornum *Caussin* : -os ω 566 iugis *Morel Rh. Mus. 87, 1938, 65* strodere V 573 percussas LV 574 impune *susp.* *post 575 lac. ind. Sudhaus perperam;* descendere *scil. videt; cf. Langen ad 1,489* 585 acervo L^{ac1}V 586 quod (app.) α 592 feris *Schmitz (De V. F. dicendi genere, Monasterii 1872, 21)* : -ae ω

flumina, nunc notas nemorum procurrit ad umbras.
rursus Hylan et rursus Hylan per longa reclamat
avia: responsant silvae et vaga certat imago.
At sociis immota fides Austrisque secundis
certa: morae nec parvus Hylas, quamquam omnibus aeque
grata rudimenta, Herculeo sub nomine pendent.
illum omnes lacrimis maestisque reposcere votis
incertique metu nunc longas litore voces
spargere, nunc seris ostendere noctibus ignes.
ipse vel excelsi cum densa silentia montis
strata vel oblatis ductor videt aequora ventis
stat lacrimans magnoque viri cunctatur amore.
illius incessus habilemque ad terga pharetram,
illum inter proceres maestaeque silentia mensae
quaerit inops quondam ingenti comprensa trahentem
vina manu et durae referentem monstra novercae.
Nec minus interea crudelis Iapyga Iuno
adsidue movet et primis cum solibus offert.
iamque morae impatiens cunctantes increpat ausus
Tiphys et oblato monet otia rumpere cursu.
ergo animum flexus dictis instantis Iason
concedit sociosque simul sic fatur ad omnes:
'o utinam, Scythicis struerem cum funera terris,
vox mihi mentitas tulerit Parnasia sortes,
agmine de tanto socium qui maximus armis
adforet, hunc Iovis imperiis fatoque teneri
ante procellosum scopulis errantibus aequor.
necdum fama viri nec certior exstitit auctor.
verum agite et, dubiis variant quae pectora curis,

595 motas *Wagner 1, 622* procumbit L^{acl} 599 mor(a)es α aeque L^{1}V (aeq') : deque L : aequi S 606 amore XΠ : -ri ω 609 conpensa α trahentem L^{1} : tralete ω 610 durae M^{2}, dirae *B-1474* : dura ω 614 monet XΠMal : -vet ω 622 *om.* L, *add.* L^{1} nedum LV 623 quae *Pomponius* : qui ω

consulite et, motis seu vos via flatibus urget,
pergite et inceptos mecum revocate labores,
seu pluris tolerare moras rursusque propinquis
quaesivisse iugis, pretium haud leve temporis acti.'
Dixerat. at studiis iamdudum freta iuventus
orat inire vias: unum tanto afore coetu
nec minus in sese generis dextrasque potentes
esse ferunt. tali mentem pars maxima flatu
erigit et vana gliscunt praecordia lingua:
saltibus ut mediis tum demum laeta reducit
cerva gregem, tum gestit aper reboatque superbis
comminus †ursa† lupis, cum sese Martia tigris
abstulit aut curvo tacitus leo condidit antro.
At pius ingenti Telamon iam fluctuat ira
cum fremitu saevisque serens fera iurgia dictis
insequitur magnoque implorat numina questu.
idem orans prensatque viros demissaque supplex
haeret ad ora ducis, nil se super Hercule fari,
sed socio quocumque, gemens; quamquam aspera fama
iam loca iamque feras per barbara litora gentes,
non alium contra Alciden, non pectora tanta
posse dari. rursum instimulat ducitque faventes
magnanimus Calydone satus, potioribus ille
deteriora fovens semperque inversa tueri
durus et haud ullis umquam superabilis aequis
rectorumve memor. 'non Herculis' inquit 'adempti,
sed tuus in seros haec nostra silentia questus
traxit honor, dum iura dares, dum tempora fandi.
septimus hic celsis descendit montibus Auster

624 consulite *B-1474* : -it ω 626 pluris (*scil. est*) *Burman* : -es ω 627 pretium *scil. erit* acti] acque L 628 at *Burman* : et ω freta] fluxa *Bailey* 635 aula *Delz* 638 serens *V-1525* : fe- ω fera S : *om.* LV 639 implorat M^{2} *B-1474* : -rant ω 640 -satque *B-1474* : -saque ω dem- X : dim- ω 652 celses L^{ac}V desc- S : disc- LV

iamque ratem Scythicis forsan statuisset in oris.
nos patriae immemores, maneant ceu nulla revectos
gaudia, sed duro saevae sub rege Mycenae,
ad medium cunctamur iter. si finibus ullis
has tolerare moras et inania tempora possem,
regna hodie et dulcem sceptris Calydona tenerem
laetus opum pacisque meae tutusque manerem
quis genitor materque locis. quid deside terra
haeremus, vacuos cur lassant aequora visus?
tu comitem Alciden ad Phasidis amplius arva
adfore, tu socias ultra tibi rere pharetras?
non ea fax odiis oblitave numine fesso
Iuno sui. nova Tartareo fors semine monstra
at⟨que⟩ iterum Inachiis iam nuntius urget ab Argis.
non datur haec magni proles Iovis, at tibi Pollux
stirpe pares Castorque manent, at cetera divum
progenies nec parva mihi fiducia gentis.
en egomet quocumque vocas sequar, agmina ferro
plura metam, tibi dicta manus, tibi quicquid in ipso
sanguine erit iamque hinc operum quae maxima posco.
scilicet in solis profugi stetit Herculis armis
nostra salus. nempe ora aeque mortalia cuncti
ecce gerunt, ibant aequo nempe ordine remi.
ille vel insano iamdudum turbidus aestu
vel parta iam laude tumens consortia famae
despicit ac nostris ferri comes abnuit actis.
vos, quibus et virtus et spes in limine primo,
tendite, dum rerum patiens calor et rude membris
robur inest; nec enim solis dare funera Colchis
sit satis et tota pelagus lustrasse iuventa.

655 saevae *B–1474* : -a ω   659 tutus- M^2 *B–1474* : tuus- ω 661 classant ω, *corr.* L^1 664 ea *i. e. ita parva (Pius)*; pax *Heins.* 666 ⟨que⟩ L^1 670 en EHa : et ω (ast S)   egomet L : ego et α -cas sequar *Jacobs 2, 75*, agmina *Heins.* : -ces qua tegmina ω 671 tibi^2 *om.* α   681 soli α

spes mihi quae tali potuit longissima casu
esse fuit: quiscumque virum perquirere silvis
egit amor, loca vociferans non ulla reliqui.
nunc quoque, dum vario nutat sententia motu,
cernere devexis redeuntem montibus opto.
sat lacrimis comitique datum, quem sortibus aevi
crede vel in mediae raptum tibi sanguine pugnae!'
   Talibus Oenides urget, simul incita dictis
heroum manus. ante omnes Argoa iubebat
vincla rapi Calais. furias miratur ovantum
Aeacides multusque viri cunctantia corda
fert dolor, an sese comitem tam tristibus actis
abneget et celsi maerens petat ardua montis.
non tamen et gemitus et inanes desinit iras
fundere. 'quis terris pro Iuppiter' inquit 'Achaeis
iste dies! saevi capient quae gaudia Colchi!
non hi tum flatus, non ista superbia dictis,
litore cum patrio iam vela petentibus Austris
cunctus ad Alciden versus favor: ipse iuvaret,
ipse ducis curas meritosque subiret honores.
iamne animis, iam[ne] gente pares? aeque inclita vulgi
dextera? nulla fides, nulli super Hercule fletus?
nunc Porthaonides, nunc dux mihi Thracia proles?
aspera nunc pavidos contra ruit agna leones?
hanc ego magnanimi spolium Didymaonis hastam,
quae neque iam frondes virides nec proferet umbras,
ut semel est evulsa iugis ac matre perempta
fida ministeria et duras obit horrida pugnas,
testor et hoc omni, ductor, tibi numine firmo:
saepe metu, saepe in tenui discrimine rerum
Herculeas iam serus opes spretique vocabis

683 tali R^2 *B-1498* : -is ω   688 sat M^2 *B-1474* : stat ω   tadum α   690 Oenides *B-1474* : Oeonides ω   700 cu α   703 [ne] M^2 *B-1474* genite ω, *corr.* M^2 *B-1474*   aeque *Vossius* : atque ω   vulvi (vultu S) α

arma viri nec nos tumida haec tum dicta iuvabunt.'
Talibus Aeacides socios terroribus urgens
inlacrimat multaque comas deformat harena.
fata trahunt raptusque virum certamine ductor
ibat et obtenta mulcebat lumina palla.
hic vero ingenti repetuntur pectora luctu,
ut socii sedere locis nullaeque leonis
exuviae tantique vacant vestigia transtri.
flet pius Aeacides, maerent Poeantia corda,
ingemit et dulci frater cum Castore Pollux.
omnis adhuc vocat Alciden fugiente carina,
omnis Hylan, medio pereunt iam nomina ponto.
Dat procul interea toto pater aequore signum
Phorcys et immanes intorto murice phocas
contrahit antra petens. simul et Massylus et una
Lyctius et Calabris redit armentarius arvis.
ilicet extremi nox litore Solis Hiberas
condidit alta domos et sidera sustulit axis.
flumina conticuere, iacet cum flatibus aequor.
Amphitryoniades nec quae nova lustra requirat
nec quo temptet iter comitis nec fata parenti
quae referat videt aut socios qua mente revisat.
urit amor solisque negat decedere silvis.
non aliter gemitu quondam lea prolis ademptae
terga dedit: sedet inde viis inclusaque longo
pervigilant castella metu, dolor attrahit orbes
interea et misero manat iuba sordida luctu.

714 dum α -bant L^{ac1} 721 vocant α vestigia] *Strand 93sq.* 725 pereunt iam *Ehlers* : -tia ω 726 toto X : tot ω 731 axis M^{c} : aris ω 732 iacet] tacet E 737sq. *tali gemitu (gemitus prolis ademptae cf. Aen. 2,413) lea prolem ademptam quaerere desinit;* gemitum . . aegra dedit *Heins.*

C. VALERI FLACCI SETINI BALBI

ARGONAUTICON LIBER QUARTUS

Atque ea non oculis divum pater amplius aequis
sustinuit natique pios miseratus amores
Iunonem ardenti trepidam gravis increpat ira:
'ut nova nunc tacito ⟨se⟩ pectore gaudia tollunt!
haeret inops solisque furit Tirynthius oris,
at comite immemores Minyae facilesque relicto
alta tenent. sic Iuno ducem fovet anxia curis
Aesonium, sic arma viro sociosque ministrat.
iam quibus incertam bellis Scythicaeque paventem
gentis opes, quanta trepidam formidine cernam!
tum precibus, tum me lacrimis et supplice dextra
attemptare veto. rerum mihi firma potestas.
i, Furias Veneremque move, dabit impia poenas
virgo nec Aeetae gemitus patiemur inultos.'
dixit et arcano redolentem nectare rorem,
quem penes alta quies liquidique potentia somni,
detulit inque vagi libavit tempora nati.
ille graves oculos et Hylan resonantia semper
ora ferens, ut nulla deum superare potestas,
procumbit. tandem fessis pax reddita silvis
fluminaque et vacuis auditae montibus aurae.
ecce puer summa se tollere visus ab unda

Inscr.: EXPLICIT LIBER TERTIUS INCIPIT LIBER QUARTUS V EXPLICIT LIBER TERTIUS ARGONAUTICON (Arg. *om.* Π) INCIPIT QUARTUS XΠ
abscisa in L, *succ.* D: EXPLICIT LIBER III C. VALERII FLACCI SETINI BALBI ARGONAUTICON LIBER IIII INCIPIT FELICITER 4 ⟨se⟩ M^2, ⟨sub⟩ S 8 viro *Heins.* : -os ω 20 pax *B-1474* : fas ω silva α

frondibus in croceis et iniquae munera nymphae
stansque super carum talis caput edere voces:
'quid, pater, in vanos absumis tempora questus?
hoc nemus, hoc fatis mihi iam domus, improba quo me
nympha rapit saevae monitu Iunonis, in amne.
nunc Iovis accessus et iam mihi limina caeli
conciliat iungitque ⟨toros⟩ et fontis honores.
o dolor, o dulces quas gessimus ante pharetrae!
iam socii laetis rapuerunt vincula ventis,
hortator postquam furiis et voce nefanda
impulit Oenides. verum cum gente domoque
ista luet saevaeque aderunt tua numina matri.
surge age et in duris haud umquam defice, caelo
mox aderis teque astra ferent: tu semper amoris
sis memor et cari comitis ne abscedat imago.'
talibus orantem dictis visuque fruentem
ille ultro petit et vacuis amplexibus instat
languentisque movet frustra conamina dextrae:
corpus hebet somno refugaque eluditur umbra.
tum lacrimis, tum voce sequi, tum rumpere questus,
cum sopor et vano spes maesta resolvitur actu.
fluctus ab undisoni ceu forte crepidine saxi
cum rapit halcyonis miserae fetumque laremque,
it super aegra parens queritur⟨que⟩ tumentibus undis
certa sequi quocumque ferant audetque pavetque,
icta fatiscit aquis donec domus haustaque fluctu est;
illa dolens vocem dedit et se sustulit alis:
haud aliter somni maestus labor. exsilit amens
effusisque genas lacrimis rigat. 'ibimus' inquit
'solus et hos montes desertaque lustra tenebis,

25 absumis M^2 *B-1474* : ads- ω 26 hoc^2 *Bailey* : haec ω 26sq. *dist. Bailey* 27 amne *Bury* : -es ω 28 limina *B-1498* : lumina ω 29 ⟨toros⟩ *Burman* 30 pharetrae M^2 : -tram ω 38 fruentem S : fruente fruitur LV 42 voces α 46 ⟨que⟩ M^2 *B-1474* 50 amen ω, *corr.* L^1 52 tenebis M^2 *B-1474* : -bris ω

care puer, nec res ultra mirabere nostras?'
haec fatus relegitque vias et vallibus exit
incertus quid Iuno ferat, quas apparet iras.
nec minus et socios cernit procul aequore ferri
praecipites tacitumque pudet potuisse relinqui.
  Iamque iter ad Teucros atque hospita moenia Troiae
flexerat Iliaci repetens promissa tyranni,
cum maesto Latona simul Dianaque vultu
ante Iovem stetit et supplex sic fatur Apollo:
'in quem alium Alciden, in quae iam tempora differs
Caucaseum, rex magne, senem? nullumne malorum
finem adeo poenaeque dabis? te cuncta precatur
gens hominum atque ipsi iam te, pater ⟨optime⟩, montes
fessaque cum silvis orant iuga. sat tibi furtum
ignis et aetheriae defensa silentia mensae!'
dixit ubi, e scopulis media inter pabula diri
vulturis ipse etiam gemitu maestaque fatigat
voce Iovem saevis relevans ambusta pruinis
lumina, congeminant amnes rupesque fragorem
Caucaseae, stupet ipse dei clamoribus ales.
tunc etiam super⟨as⟩ Acheronte auditus ad arces
Iapetus, gravis orantem procul arcet Erinys
respiciens celsi legem Iovis. ille dearum
fletibus et magno Phoebi commotus honore
velocem roseis demittit nubibus Irin.
'i, Phrygas Alcides et Troiae differat arma.
nunc' ait 'eripiat dirae Titana volucri.'
diva volat defertque viro celeranda parentis
imperia atque alacrem laetis hortatibus implet.
  Iam Minyae mediis clarae per sidera noctis
fluctibus intulerant placido cava lintea cursu
multaque deserto memores super Hercule volvunt.

54 vias et S : viaret LV 65 ⟨optime⟩ L^1 *i. m.* 69 moesteque L^{ac} 73 ⟨as⟩ *B-1474* 80 def- M^2 *B-1474* : diff- ω

Thracius at summa sociis e puppe sacerdos
fata deum et miserae solans incommoda vitae
securum numeris agit et medicabile carmen.
quod simul adsumpta pulsum fide, luctus et irae
et labor et dulces cedunt e pectore nati.
  Interea magni iamiam subeuntibus astris
Oceani genitale caput Titania frenis
antra sonant, Sol auricomis urgentibus horis
multifidum iubar et bisseno sidere textam
loricam induitur; ligat hanc qui nubila contra
balteus undantem variat mortalibus arcum.
inde super terras et eoi cornua montis
emicuit traxitque diem candentibus undis
et Minyas viso liquerunt flamina Phoebo.
  Proxima Bebrycii panduntur litora regni,
pingue solum et duris regio non invida tauris.
rex Amycus. regis fatis et numine freti
non muris cinxere domos, non foedera legum
ulla colunt placidas aut iura tenentia mentes.
quales Aetnaeis rabidi Cyclopes in antris
nocte sub hiberna servant freta, sicubi saevis
advectet ratis acta notis tibi pabula dira
et miseras, Polypheme, dapes, sic undique in omnes
prospiciunt cursantque vias, qui corpora regi
capta trahant. ea Neptuno trux ipse parenti
sacrifici pro rupe iugi media aequora supra
torquet agens. sin forma viris praestantior adsit,
tum legere arma iubet sumptisque occurrere contra
caestibus: haec miseri sors est aequissima leti.
huc ubi devectam Neptunus gurgite puppem
sensit et extremum nati prospexit in oras
et quondam laetos domini certamine campos,

88 pulsum *i. e. pulsando lyram modulatum (Pius)* 92 auricomus *B-1474* urgentibus *B-1519* : ing- ω 111 sin C : in ω 112 regere L^{acl} 113 miseris *Burman* 116 campos S : -us LV

ingemit ac tales evolvit pectore questus:
'infelix imas quondam mihi rapta sub undas
nec potius magno Melie tum mixta Tonanti!
usque adeone meam quacumque ab origine prolem
tristia fata manent? sic te olim pergere sensi,
Iuppiter, iniustae quando mihi virginis armis
concidit infelix et nunc chaos implet Orion.
nec tibi nunc virtus aut det fiducia nostri,
nate, animos opibusque ultra ne crede paternis.
iamiam aliae vires maioraque sanguine nostro
vincunt fata Iovis, potior cui cura suorum est.
atque ideo nec ego hanc tumidis avertere ventis
temptavi tenuive ratem nec iam mora morti
hinc erit ulla tuae. reges preme, dure, secundos!'
abstulit inde oculos natumque et tristia linquens
proelia sanguineo terras pater adluit aestu.
  Principio fluvios gentemque et litora ductor
explorare iubet paulumque egressus Echion
invenit obscura gemitus in valle trahentem
clam iuvenem et caesi maerentem nomen amici.
ille virum ut contra venientem umbrataque vidit
tempora Parrhasio patris de more galero
paciferaeque manu nequiquam insignia virgae,
'heu fuge' ait 'certo quicumque es, perdite, passu
dum datur!' obstipuit visu Nonacria proles
quid ferat admirans. postquam remeare monentem
ocius et dictis perstantem cernit in isdem,
abripit et sociis quae sint ea promere cogit.
ille manum tendens 'non haec' ait 'hospita vobis
terra, viri, non hic ullos reverentia ritus
pectora: mors habitat saevaeque hoc litore pugnae.

124 aut det R *B–1498* : audet ω   125 ne Mal P *Carrio* : nec ω   131 linque α   139 pacifereraeque L   141 -gria ω, *corr.* M^2 *B–1474*   145 manum S : -u LV   hospita] hosta (-stia S) α

iam veniet diros Amycus qui tollere caestus
imperet et vasto qui vertice nubila pulset.
talis in advectos Neptuni credita proles
aeternum furit atque aequae virtutis egentes
ceu superum segnes ad iniqua altaria tauros
constituit, tandem ut misero lavet arma cerebro.
consulite atque fugae medium ne temnite tempus.
namque isti frustra quisquam concurrere monstro
audeat et quaenam talem vidisse voluptas?'
ductor ad haec: 'Bebryxne venis diversaque regi
corda gerens - melior vulgi nam saepe voluntas -
hostis an externis fato delatus ab oris?
et tua cur Amycus caestu nondum obruit ora?'
'nomen' ait 'praedulce mihi †nomen†que secutus
Otreos unanimi. decus ille et laeta suorum
gloria nec vestros comes aspernandus in actus
Hesionam et Phrygiae peteret cum gaudia nuptae,
hic Amycum contra iussus stetit atque ego palmas
implicui. sed prima procul vixdum ora levantis
fulminea frontem dextra disiectaque fudit
lumina. me numquam leto dignatus et armis,
sed lacrimis potius luctuque absumor inerti.
spes tamen, his fando si nuntius extitit oris
et Mariandynum patrias penetravit ad urbes,
unde genus fraterque viro - sed et ille quierit
oro nec vanis cladem Lycus augeat armis.'
Haec ubi non ulla iuvenes formidine moti
accipiunt (dulce et dura sic pergere mente),

149 et *om.* LV 153 tandem] tantum *Burman* 158 gerens M[c] *V-1523* : regens ω 161 ait *scil. Dymas (e v. 187)* *e. g.* famam *Langen* 162 Otreos LV[1] : Otoeos V, Otteos S 167 fulminea *B-1474* : -am ω 170 frando α 173 oro *B-1498* : ora ω 174 ulla O Mal *F-1503* : nulla ω iuvenes R[1] : -is ω 175 *dist. Håkanson Symb. Osl. 52, 1977, 91sq.* dulce *Håkanson* : dolet ω

terga sequi properosque iubet coniungere gressus.
litore in extremo spelunca apparuit ingens
arboribus super et dorso contecta minanti,
non quae dona deum, non quae trahat aetheris ignem,
infelix domus et sonitu tremebunda profundi.
at varii pro rupe metus: hinc trunca rotatis
bracchia rapta viris strictoque immortua caestu
ossaque taetra situ ⟨et⟩ capitum maestissimus ordo
per piceas, quibus adverso sub vulnere nulla
iam facies nec nomen erat; media ipsius arma
sacra metu[que] magnique aris imposta parentis.
hospitis hic primum monitus rediere Dymantis
et pavor et monstri subiit absentis imago
atque oculos cuncti inter se tenuere silentes,
donec sidereo Pollux interritus ore
'te tamen hac, quicumque es,' ait 'formidine faxo
iam tua silva ferat, modo sint tibi sanguis et artus!'
omnibus idem animus forti decernere pugna
exoptantque virum contra⟨que⟩ occurrere poscunt.
qualiter ignotis spumantem funditus amnem
⟨.................................⟩
pandit iter, mox omne pecus formidine pulsa
pone subit iamque et mediis procedit ab undis.
   At procul e silvis sese gregibusque ferebat
saevus in antra gigas, quem nec sua turba tuendo
it taciti secura metus. mortalia nusquam

179 dona deum *i. e.* aetheris ignem 180 treme- X : freme- *Heins.* : remi- ω 181 at *Heins.* : ut ω 183 ⟨et⟩ *Heins.* 184 per *Madvig Adv. 2, 143* : res(piceas) ω 185 media *B-1474* : -us ω 186 mentu LV [que] S *praeter* X 187 monitus *F-1481* : -tis ω Dym- *Heins.* : Tym- ω 191 ait *B-1474* : aut ω faxo *F-1481* : saxo ω 194 ⟨que⟩ S 195 amem α 196 *lac. agn. Pomponius Laetus, versum in* C *interpolatum perperam numerant edd.; cf. Ehlers 1, 122* 198 pro- X : prae- ω 199 greg- L^{ac}V 200 gigans α

signa manent; instar scopuli, qui montibus altis
summus abit longeque iugo stat solus ab omni.
devolat inde furens nec quo via curve profecti
nec genus ante rogat, sed tali protonat ira: 205
'incipite, o iuvenes! etenim fiducia, credo,
huc tulit auditas et sponte lacessitis oras.
sin errore viae necdum mens gnara locorum, 208
Neptuni domus atque egomet Neptunia proles. 213
hic mihi lex caestus adversaque tollere contra 209
bracchia, sic ingens Asiae plaga quique per Arcton 210
dexter et in laevum pontus iacet haec mea visit
hospitia, hoc cuncti remeant certamine reges. 212
iam pridem caestus resides et frigida raris 214
dentibus aret humus. quis mecum foedera iunget? 215
prima manu cui dona fero? mox omnibus idem
ibit honos. fuga sub terras, fuga nulla per auras.
nec lacrimae - ne ferte preces - superive vocati
pectora nostra movent: aliis rex Iuppiter oris.
faxo Bebrycium nequeat transcendere puppis 220
ulla fretum et ponto volitet Symplegas inani.'
Talia dicta dabat, cum protinus asper Iason
et simul Aeacidae simul et Calydonis alumni
Nelidesque Idasque prior quae maxima surgunt
nomina, sed nudo steterat iam pectore Pollux. 225
tum pavor et gelidus defixit Castora sanguis,
nam nec ad Elei pugnam videt ora parentis
nec sonat Oebalius caveae favor aut iuga nota
Taygeti, lavitur patrios ubi victor ad amnes,
nec pretium sonipes aut sacrae taurus harenae, 230

206 o S : eo LV 208 gnara M^c *B-1498* : ignara ω 213 *post* 208 *Schenkl* 212 cuncti *cf. Hudson-Williams Class. Quart. 9, 1959, 64*; functi *Burman* 214 caestus *B-1498* : -u ω 215 arcet L^{acl}S quis *Heins.* : qui ω 223 Aeacidae *Carrio* : -des ω 226 tum *Markland ap. Courtney 1, 107* : cum ω 229 lav- *B-1498* : lab- ω 230sq. *expl. Bailey*

praemia sed manes reclusaque ianua leti.
illum Amycus nec fronte trucem nec mole tremendum,
vixdum etiam primae spargentem signa iuventae,
ore renidenti lustrans obit et fremit ausum
sanguineosque rotat furiis ardentibus orbes.
non aliter iam regna poli, iam capta Typhoeus
astra ferens Bacchum ante acies primamque deorum
Pallada et oppositos doluit sibi virginis angues.
sic adeo insequitur rabidoque ita murmure terret:
'quisquis es, infelix celeras puer, haud tibi pulchrae
manserit hoc ultra frontis decus orave matri
nota feres. tune a sociis electus iniquis?
tune Amyci moriere manu?' nec plura moratus
ingentes umeros spatiosaque pectoris ossa
protulit horrendosque toris informibus artus.
deficiunt visu Minyae, miratur et ipse
Tyndarides. redit Alcidae iam sera cupido
et vacuo maestos lustrarunt lumine montes.
at satus aequoreo fatur tunc talia rege:
'aspice et haec crudis durata volumina tauris
nec peto sortis opem, sed quos potes indue caestus.'
Dixit et urgentis post saeva piacula fati
nescius extremum hoc armis innectere palmas
dat famulis, dat et inde Lacon. odia aspera surgunt
ignotis prius atque incensa mente feruntur
in medium sanguis Iovis et Neptunia proles.
hinc illinc dubiis intenta silentia votis
et pater orantis caesorum Tartarus umbras

232 trucem R^2 *B-1498* : ducem ω 237 deosum V, deorsum S 240 celeras *Madvig Adv. 2, 143* : -ra ω 241 frontis X : fontis ω 242 a *Thilo* : o ω electus Π^cC : eluctus ω 243 tunc α 246 visu Minyae *F-1481* : visum in se ω 248 vacuo] vocuo V, tandem S maestos *Koestlin 1, 432* : -o ω, *possis et* vacuos (M^2) maesto 251 peto *Burman* : pete ω 252 saeva *Ehlers* : sera ω

nube cava tandem ad meritae spectacula pugnae
emittit. summi nigrescunt culmina montis.
Continuo Bebryx, Maleae velut arce fragosa
turbo rapax, vix ora virum, vix tollere passus
bracchia torrenti praeceps agit undique nimbo
cursibus involvens totaque immanis harena
insequitur. vigil ille metu cum pectore et armis
huc alternus et huc, semper cervice reducta
semper et in digitis et summi pulvere campi,
proiectusque redit. spumanti qualis in alto
Pliade capta ratis, trepidi quam sola magistri
cura tenet, rapidum ventis certantibus aequor
intemerata secat, Pollux sic providus ictus
servat et Oebalia dubium caput eripit arte.
ut deinde urgentes effudit nubibus iras
ardoremque viri, paulatim insurgere fesso
integer et summos †manibus† deducere caestus.
ille dies aegros Amyci sudoribus artus
primus et arenti cunctantem vidit hiatu
nec sua defessum noscunt loca nec sua regem
agmina. respirant ambo paulumque reponunt
bracchia, ceu Lapithas aut Paeonas aequore in ipso
cum refovet fixaque silet Gradivus in hasta.
vix steterant et iam ecce ruunt inflictaque late
terga sonant. nova vis iterum, nova corpora surgunt.
hunc pudor, hunc noto iam spes audentior hoste
instimulat. fumant crebro praecordia pulsu,
avia responsant gemitu iuga. pervigil ut cum

259 meritae *i. e. extremae* 261 velut Vat *B-1474* : volut ω arice α 266 alternus *quasi alternans* 269 trepidi M^{2} *B-1474* : -da ω 273 nutibus *Thilo sed cf. Delz 1, 158* 274 fesso *B-1519* : ferro ω 275 integer AR *B-1519* : integet ω *cf. Bailey, qui* minitans obducere *legit* 280 Paeonas R *F-1503* : poenas ω 282 sterant LV 285 instimulat *F-1503* : -ant ω

artificum notat Aet⟨na⟩ manus et fulmina Cyclops
prosubigit, pulsis strepitant incudibus urbes.
emicat hic dextramque parat dextramque minatur
Tyndarides, redit huc oculis et pondere Bebryx
sic ratus, ille autem celeri rapit ora sinistra:
conclamant socii et subitas dant gaudia voces.
illum insperata turbatum fraude furentemque
Oebalides prima refugit dum detonet ira,
territus ipse etiam atque ingentis conscius ausi.
saevit inops Amycus nullo discrimine sese
praecipitans avidusque viri (respectat ovantes
quippe procul Minyas), tunc caestu elatus utroque
inruit. hos inter Pollux subit et trucis ultro
advolat ora viri nec spes effecta, sed ambae
in pectus cecidere manus. hoc saevior ille
ecce iterum vacuas agit inconsulta per auras
bracchia. sentit ubi Pollux rationis egentem,
dat genibus iunctis latus effusumque secutus
haud revocare gradum patitur turbatque premitque
ancipitem crebros et liber congerit ictus
desuper averso. sonat omni vulnere vertex
inclinis ceditque malis. iam tempora manant
sanguineaeque latent aures, vitalia donec
vincula, qua primo cervix committitur artu,
solvit dextra gravis. labentem propulit heros
ac super insistens 'Pollux ego missus Amyclis
et Iove natus.' ait 'nomen mirantibus umbris
hoc referes. sic et memori noscere sepulchro.'
Bebrycas extemplo spargit fuga, nullus adempti
regis amor: montem celeres silvamque capessunt.

287 notat] vocat *Burman* ⟨na⟩ *Heins.* 297 -tans M^2 *B-1474* : -tant ω 298 elatus *Heins.* : velatus ω : latus *Leo 966* 299 truncis LV 301 in pectus M^c *B-1498* : inspectus ω 303 ubi *Thilo* : enim ω 308 ceditque MC : ceciditque ω 309 sanguin(a)e α 315 Brebrycas L

haec sors, haec Amycum tandem manus arcuit ausis
effera servantem Ponti loca vimque iuventae
continuam et magni sperantem tempora patris.
tenditur ille ingens hominum pavor arvaque late
occupat, annosi veluti si decidat olim
pars Erycis vel totus Athos. qua mole iacentis
ipse etiam expleri victor nequit oraque longo
comminus obtutu mirans tenet. at manus omnis
heroum densis certatim amplexibus urgent
armaque ferre iuvat fessasque attollere palmas.
‘salve, vera Iovis, vera o Iovis’ undique ‘proles’
ingeminant ‘o magnanimis memoranda palaestris
Taygeta et primi felix labor ille magistri!’
dumque ea dicta ferunt, tenues tamen ire cruores
siderea de fronte vident nec sanguine Pollux
territus averso siccabat vulnera caestu.
illius excelsum ramis caput armaque Castor
implicat et viridi conectit tempora lauro
respiciensque ratem ‘patriis’ ait ‘has precor oris,
diva, refer frondes cumque hac freta curre corona.’
dixerat. hinc valida caedunt armenta bipenni
perfusique sacro placati gurgitis amne
graminea sternuntur humo, tunc liba dapesque
frondibus accumulant; exsortia terga Laconi
praecipiunt pecudum. toto mox tempore mensae
laetus ovat nunc laude virum, nunc vatis honoro
carmine, victori geminans cratera parenti.
Iamque dies auraeque vocant rursusque capessunt
aequora, qua rigidos eructat Bosporos amnes.
illos, Nile, tuis nondum dea gentibus Io

317 arcuit *Gronov. (Tac. Ann. 3,72)* : arguit ω *post v. 317 deficit* S 326 fessasque L^1 : -ssaque ω 333 armaque] oraque *Schrader 2* 334 conectit M^2 *B-1474* : -cti ω 336 refer *B-1474* : -fers ω feta V 338 perf- C : prof- ω 340 front- V 346 tuis *B-1498* : tuos ω

transierat fluctus, unde haec data nomina ponto.
tum pius Oeagri claro de sanguine vates
admonita genetrice refert casusque locorum
Inachidosque vias pelagusque emensa iuvencae
exilia intentisque canit. 'videre priores
saepe Iovem ⟨in⟩ terras Argivaque regna Pelasgum
virginis Iasiae blandos descendere ad ignes.
sentit Iuno dolos curaque accensa iugali
aethere desiluit (dominam Lyrceia tellus
antraque deprensae tremuerunt conscia culpae),
cum trepida Inachiae paelex subit ora iuvencae
sponte dei; plausu fovet hanc et pectora mulcet
Iuno renidenti cohibens suspiria vultu.
mox ita adorta Iovem: 'da quam modo ditibus Argis
campus alit primae referentem cornua Phoebes
indomitamque bovem, da carae munera nuptae.
ipsa ego dilectae pecudi iam pascua digna
praecipuosque legam fontes.' qua fraude negaret
aut quos inventos tenuisset Iuppiter astus?
muneris illa potens custodem protinus Argum
adiungit. custos Argus placet, inscia somni
lumina non aliter toto cui vertice quam si
Lyda nurus sparso telas maculaverit ostro.
Argus et in scopulos et monstris horrida lustra
ignotas iubet ire vias heu multa morantem
conantemque preces inclusaque pectore verba.
ultima tum patriae cedens dedit oscula ripae;
flevit Amymone, flerunt Messeides undae,
flevit et effusis revocans Hyperia lacertis.
illa, ubi vel fessi tremerent erroribus artus

352 ⟨in⟩ *Heins.* 357 tum *F-1503* inachaiae V 359 reoidenti V 362 caraxe ω, *corr.* L[1] 365 inventos M[2] *B-1474* (*i. e. si invenisset*) : -tus ω tenuisset *Harles* : tim- ω 366 Argum *susp.*; acrem *Renkema (Observ. crit. et exeg., Traiecti ad Rhenum 1906)* 374 Messeides *B-1498* : messonidaes ω

vel rueret summo iam frigidus aethere vesper,
heu quotiens saxo posuit latus aut, ubi longa
aegra siti, quos ore lacus, quae pabula carpsit,
verbere candentes quotiens exhorruit armos!
quin et ab excelso meditantem vertice saltus
audentemque mori valles citus egit in imas
Argus et arbitrio durus servavit erili,
cum subito Arcadio sonuit cava fistula ritu
imperiumque patris celerans Cyllenius ales
advenit et leni modulatur carmen avena
'quo'que ait 'hinc diversus abis? heus respice cantus!'
haud procul insectans Argum languentia ⟨cantu⟩
lumina cuncta notat dulcesque sequentia somnos
et celerem mediis in cantibus exigit harpen.
iamque refecta Iovi paulatim in imagine prisca
ibat agris Io victrix Iunonis et ecce
cum facibus spirisque et Tartareo ululatu
Tisiphonen videt: ac primo vestigia visu
figit et in miserae rursus bovis ora recurrit.
nec qua valle memor ⟨nec⟩ quo se vertice sistat
Inachias errore etiam defertur ad undas,
qualis et a prima quantum mutata iuvenca!
nec pater aut trepidae temptant accedere nymphae.
ergo iterum silvas, iterum petit invia retro
ceu Styga dilectum fugiens caput. inde per urbes
raptatur Graias atque ardua flumina ripis,
oblato donec paulum cunctata profundo
incidit. absistunt fluctus et gnara futuri
dant pavida alta viam, celsis procul ipsa refulget

379 crapsit ω, *corr.* L^1 386 carmen avena L^1 : carmina vena ω 387 heus *Burman* : en M^2 : heu ω 388 ⟨cantu⟩ *B-1474 cf. Delz 1, 160* 392 ibant V 395 figit M^2 *B-1498* : fugit ω 396 valle M^2 *B-1498* : velle ω ⟨nec⟩ *B-1474* 401 dilectam V 402 raptatur C : -tus ω 404 gnara *B-1474* : ignara ω

cornibus ac summa palearia sustinet unda.
ast Erebi virgo ditem volat aethere Memphin
praecipere et Pharia venientem pellere terra.
contra Nilus adest et toto gurgite torrens
Tisiphonen agit atque imis inlidit harenis
Ditis opem ac saevi clamantem numina regni.
apparent sparsaeque faces disiectaque longe
verbera et abruptis excussi crinibus hydri.
nec Iovis interea cessat manus: intonat alto
insurgens caelo genitor curamque fatetur
atque ipsa imperium Iuno pavet. haec procul Io
spect[ab]at ab arce ⟨Phari⟩, iam divis addita iamque
aspide cincta comas et ovanti persona sistro.
Bosporon hinc veteres errantis nomine divae
vulgavere. iuvet nostros nunc ipsa labores
Immissisque ratem sua per freta provehat Euris.'
Dixerat et placidi tendebant carbasa venti.
postera non cassae Minyis Aurora retexit
noctis iter: nova cuncta vident Thyneaque iuxta
litora fatidici poenis horrentia Phinei,
dira deum summo quem vis urgebat in aevo.
quippe neque extorrem tantum nec lucis egentem
insuper Harpyiae Typhonides, ira Tonantis,
depopulant ipsoque dapes praedantur ab ore.
talia prodigia et tales pro crimine poenas
perpetitur. spes una seni, quod pellere saevam
quondam fata luem dederant Aquilone creatis.
ergo ubi iam Minyas certamque accedere Phineus
sentit opem, primas baculo defertur ad undas

406 pele- V 407 ast (H)erebi *B-1474* : Aetherebi ω 417 [ab] *B-1474* ⟨Phari⟩ C 418 cincta M^2 *B-1474* : cuncta ω 420 iubet ω, *corr.* M^2 *B-1474* nostros M^2 *B-1474* : -o ω 421 auris *B-1474* 426 dira *F-1481* : dura ω quem *Caussin*, vis M^2 : -que suis ω 428 Harp. Typh. *Balbus* (*inv. ord. iam B-1498*) : (h)y-phoides arpyiae ω 433 accere V 434 ab V

vestigatque ratem atque oculos attollit inanes.
tunc tenuem spirans animam ‘salve o mihi longum
exspectata manus nostrisque’ ait ‘agnita votis.
novimus et divis geniti quibus et via iussos
quae ferat ac vestri rebar sic tempora cursus
proxima quaeque legens, quantum Vulcania Lemnos
traxerit, infelix tulerit quae Cyzicus arma.
sensi et Bebrycio supremam in litore pugnam
iam propior iamque hoc animam solamine mulcens.
non ego nunc magno quod cretus Agenore Phineus
aut memorem mea quod vates insedit Apollo
pectora: praesentis potius miserescite fati!
nec mihi diversis erratum casibus orbem
amissas aut flere domos aut dulcia tempus
lumina; consuetis serum est ex ordine fatis
ingemere. Harpyiae semper mea pabula servant,
fallere quas nusquam misero locus: ilicet omnes
deveniunt niger intorto ceu turbine nimbus
iamque alis procul et sonitu mihi nota Celaeno.
diripiunt verruntque dapes foedataque turbant
pocula, saevit odor surgitque miserrima pugna
parque mihi monstrisque fames. sprevere quod omnes
pollueruntque manu quodque unguibus excidit atris
has mihi fert in luce moras. nec rumpere fata
morte licet, trahitur victu crudelis egestas.
sed vos o servate precor, praedicta deorum
si non falsa mihi, vos finem imponite poenis.
nempe adsunt qui monstra fugent, Aquilonia proles

437 exspectata L^2 : -ctat ω nostrique V votis L^1 : vobis ω 438 via M^2 *B-1498* : nia ω 439 rebar sic *post alios def. Koster 94* 440 leges V 442 sensi et M^2 *B-1474* : sentiet ω 443 animum *Heins.* solamine M^2 *B-1474* : -na ω 449 serum *Gronov. (1,3)* : rerum ω 452 nimbus *B-1474* : -o ω 457 atris R *F-1503* : auris ω 460 o serv- *Heins.* : observ- ω

non externa mihi: nam rex ego divitis Hebri
iunctaque vestra meo quondam Cleopatra cubili.'
Nomen ad Actaeae Calais Zetesque sororis
prosiliunt Zetesque prior 'quem cernimus?' inquit
'tune ille Odrysiae Phineus rex inclitus orae?
tu Phoebi comes et nostro dilecte parenti?
o ubi nunc regni generisque ubi gloria? quam te
exedit labor et miseris festina senectus!
quin age mitte preces: namque est tibi nostra voluntas,
si non ira deum - vel si placabilis - urget.'
sustulit hic geminas Phineus ad sidera palmas
'te'que ait 'infesti, quae nunc premis, ira Tonantis,
ante precor, nostrae tandem iam parce senectae,
sit modus. et fore credo equidem, nam vestra voluntas
quid, iuvenes, sine pace deum? nec credite culpam
saevitiae scelerumve mihi nunc crimina pendi:
fata loquax mentemque Iovis quaeque abdita solus
consilia et terris subito ventura parabat
prodideram miserans hominum genus. hinc mihi tanta
pestis et offusae media inter dicta tenebrae.
iam tandem cessere irae nec casus ab alto,
ipse volens nostris sed vos deus adpulit oris.'
sic ait et fatis ita iam cedentibus omnes
impulit et durae commovit imagine poenae.
instituere toros mediisque tapetibus ipsum
accipiunt circumque iacent; simul aequora servant,
astra simul, vescique iubent ac mittere curas,
cum subitus misero tremor et pallentia primae

463 externa M^{2} *B-1474* : hesterna ω 464 cubili M^{2} *B-1474* : -le ω 465 aeteae L^{ac1}V 467 ore V 469 genenrisque V 472 -bilis urget L^{1} : -bili surgit ω 474 infesti *Schrader 2* : iniusti ω premis *B-1498*, ira L^{2} : praemisera ω 477 quid *Balbus* : quod ω 481 prodideram *B-1474* : -at ω 482 offusae *Gronov. (4, 21)* : eff- ω mediae ω, *corr.* V^{1} 489 ac mitt- *B-1498* : admitt- ω

ora senis fugere manus. nec prodita pestis
ante, sed in mediis dapibus videre volucres.
fragrat acerbus odor patriique exspirat Averni
halitus, unum omnes incessere planctibus, unum
infestare manus. inhiat Cocytia nubes
luxurians ipsoque ferens fastidia visu.
tum sola conluvie atque inlusis stramina mensis
foeda rigant, stridunt alae praedaque retenta
saevit utrimque fames. nec solum horrenda Celaeno
Phinea, sed miseras etiam prohibere sorores.
emicat hic subito seseque Aquilonia proles
cum clamore levat, genitor simul impulit alas.
hoste novo turbata lues lapsaeque rapinae
faucibus et primum pavidae Phineia tecta
pervolitant, mox alta petunt. stant litore fixi
Haemonidae atque oculis palantia monstra sequuntur.
sicut, prorupti tonuit cum forte Vesevi
Hesperiae letalis apex, vixdum ignea montem
torsit hiems, iamque eoas cinis induit urbes:
turbine sic rapido populos atque aequora longe
transabeunt nullaque datur considere terra.
iamque et ad Ionii metas atque intima tendunt
saxa, vocat magni Strophadas nunc incola ponti.
hic fessae leti⟨que⟩ metu propioris anhelae
dum trepidant humilique graves timidoque volatu
implorant clamore patrem Typhona nefando,
extulit adsurgens noctem pater imaque summis
miscuit et mediis vox exaudita tenebris:
'iam satis huc pepulisse deas. cur tenditis ultra
in famulas saevire Iovis, quas fulmina quamquam

493 fragl- ω, *corr.* R *V-1523* -a cervus ω, *corr.* L^1 -trique ω, *corr.* M^2 *Carrio* 497 inlusis *cf. Strand 102sq.* 503 rapinae *Pius* : ruinae ω 507 sicut *Schenkl* : sicubi ω 510 rap- R *B-1498* : rab- ω 511 terra M^2 *B-1474* : -ae ω 513 vocat *B-1474* : -ant ω 514 ⟨que⟩ *B-1474*

aegidaque ille gerens magnas sibi legit in iras?
nunc quoque Agenoreis idem decedere tectis
imperat: agnoscunt monitus iussaeque recedunt.
mox tamen et vobis similis fuga, cum premet arcus
letifer. Harpyiae numquam nova pabula quaerent
donec erunt divum meritae mortalibus irae.'
haesit uterque polo dubiisque elanguit alis,
mox abit et sociae victor petit agmina puppis.
Interea Minyae pulsa lue prima Tonanti
sacra novant, tum vina toris epulasque reponunt.
ipse inter medios ceu dulcis imagine somni
laetus ad oblitae Cereris suspirat honores;
agnoscit Bacchi latices, agnoscit et undam
et nova non pavidae miratur gaudia mensae.
hunc ubi reclinem stratis et pace fruentem
aspicit ac longae ducentem oblivia poenae
talibus appellat supplexque ita fatur Iason:
'vota, senex, perfecta tibi. nunc me quoque curis
eripe et ad nostros animum converte labores.
omnis adhuc sors laeta quidem nec numine vano,
siqua fides curae superum, tantum aequor adorti
tendimus: ipsa mihi puppem Iovis optima proles
instituit, dedit et socios Saturnia reges.
fidere mens sed nostra nequit quantumque propinquat
Phasis et ille operum summus labor, hoc magis angunt
proxima nec vates sat iam mihi Mopsus et Idmon.'
ille ducem nec ferre preces nec dicere passus
amplius hic demum vittas laurumque capessit
numina nota ciens. stupet Aesonis inclita proles

524 similis M^2 *B-1474* : -es ω arcus R *Gronov. (1, 18)* : argos ω 528 puppis M : pippis ω : pubis *Heins.* 529 lue *B-1474* : (pulsa)ve ω 530 vena L^{ac1}V 531 ceu *F-1481* : seu ω dulcis M^2 *B-1474* : ducis ω 535 fru- M^2 *F-1481* : fur- ω 536 ac M^2 *F-1481* : a ω

Phinea ceu numquam poenis nullaque gravatum
peste Iovis: tam largus honos, tam mira senectae
maiestas infusa; vigor novus auxerat artus.
tum canit: †o terras fama venture per omnes,
quem sociis ducibusque deis atque arte benigna
Pallados ipse ultro Pelias ad sidera tollit,
demens, dum profugi non sperat vellera Phrixi,
fata locosque tibi, possum quas reddere grates,
expediam rerumque vias finemque docebo.
ipse etiam, qui me prohibet sua pandere terris
saecula, te propter fandi mihi Iuppiter auctor.
hinc iter ad Ponti caput errantesque per altum
Cyaneas. furor his medio concurrere ponto;
necdum ullas videre rates: sua comminus actae
saxa premunt cautesque suas. ceu vincula mundi
ima labant, tremere ecce solum, tremere ipsa repente
tecta vides: illae redeunt, illae aequore certant.
di tibi progresso propius, di forsitan ipsi
auxilium mentemque dabunt. ast ipse iuvare
ausa quibus monitis possim tua? quippe per altum
tenditis unde procul venti, procul unde volucres,
et pater ipse maris pavidas detorquet habenas.
siqua brevis scopulis fieret mora, si semel orsis
ulla quies, fuga tunc medio speranda recursu:
vix repetunt primae celeres confinia terrae
iamque alio clamore ruunt omnisque tenetur
pontus et infestis anceps cum montibus errat.
verum animo redit illa meo sors cognita divum
(fabor enim nec spe dubios solabor inani):

550 ceu *Pius* : ce ω 551 tam[1] TC : iam ω tam mira C : tamira ω 553 venture *B-1474* : -ra ω 562 his *B-1498* : hic ω 563 ullas *B-1474* : illas ω 564 ceu *Heins.* : cum ω 566 aequore *B-1474* : -ra ω 573 speranda *Sudhaus* : peranda ω : properanda M[2] *B-1474* 574 celeres *B-1498* : -ris ω 578 fab- M[2] *B-1498* : fav- ω

cum mihi Tartareas saevo clangore volucres
protulit ira Iovis, vox haec simul excidit auris:
'ne vanas impende preces finemque malorum
expete, Agenoride! Pontum penetraverit ulla
cum ratis et rabidi steterint in gurgite montes,
tum sperare modum poenae veniamque licebit.'
sic deus. aut vobis ergo fera [per] saxa patescunt
aut mea iam saevae redeunt ad pabula Dirae.
verum inter medias dabitur si currere cautes
(certe digna manus) vacuumque exibis in aequor,
proxima regna Lyci, remeat qui victor ab oris
Bebryciis. toto non ullus litore Ponti
mitior. hic lecto comitum de robore siquem
perculerit vicina lues, ne defice casus
praedicti memor atque animos accinge futuris.
illic pestiferas subter iuga concava torquet
alter aquas Acheron vastoque exundat hiatu
fumeus et saeva sequitur caligine campos.
linque gravem fluvium et miseris sua fata colonis:
sic quoque non uno dabitur transcurrere luctu.
quid tibi nubifera surgentem rupe Carambin,
quid memorem quas Iris aquas aut torqueat Ancon?
proxima Thermodon hinc iam secat arva - memento -
inclita Amazonidum magnoque exorta Gradivo
gens ibi: femineas nec tu nunc crede catervas,
sed qualis, sed quanta viris insultat Enyo
divaque Gorgonei gestatrix innuba monstri.
ne tibi tunc horrenda rapax ad litora puppem

580 auris *Columbus* : -res ω 582 ulla *cf. Delz* 585 [per] M^2 *B-1474* 592 defice Vat *B-1474* : defece ω 593 accinge L^1 : -gere ω futuris R *B-1498* : -os ω 599 Carambin M^2 *F-1481* : -bi ω 600 Ancon *B-1498*, acon *iam B-1474* : -om ω 601 hinc *Madvig Adv. 2, 144* : hic ω memento *susp.*; fluento *Heins.*, fremendo *Delz* 604 sed^2 *Pius* : et ω 606 tunc *B-1498* : nunc ω

ventus agat, ludo volitans cum turma superbo
pulvereis exsultat equis ululataque tellus
intremit et pugnas mota pater incitet hasta.
non ita sit metuenda tibi saevissima quamquam
gens Chalybum, duris patiens cui cultus in arvis
et tonat adflicta semper domus ignea massa.
inde omnem innumeri reges per litoris oram,
hospitii quis nulla fides, sed limite recto
puppis et aequali transcurrat carbasus aura:
sic demum rapidi venies ad Phasidis amnem.
castra ibi iam Scythiae fraternaque surgit Erinys.
ipse truces illic Colchos hostemque iuvabis
auxiliis. nec plura equidem discrimina cerno.
fors etiam optatam dabitur contingere pellem.
sed te non animis nec solis viribus aequum
credere: saepe acri potior prudentia dextra.
quam tulerit deus, arripe opem. iamque ultima nobis
promere fata nefas. sileo prior.' atque ita facto
fine dedit tacitis iterum responsa tenebris.
Tum subita resides socios formidine Iason
praecipitat rumpitque moras tempusque timendi.
ipse viros gradiens ad primi litoris undam
prosequitur Phineus. 'quaenam tibi praemia,' dixit
'quas, decus o Boreae, possim persolvere grates?
me Pangaea super rursus iuga meque paterna
stare Tyro dulcesque iterum mihi surgere soles
nunc reor. exactae (verumne?) abiere volucres
nec metuam tutaeque dapes? date tangere vultus,
dem sinite amplexus propiusque accedite dextrae.'
dixerat. abscedunt terris et litora condunt.

614 limite R^x *Pius* : limine ω 622 saepe-opem *(v. 623) exhib.* f 624 prior *Håkanson Symb. Osl. 52, 1977, 92* : precor ω 630 possim *Heins.* : -sem ω 633 *dist. Seyffert ap. Langen 571* 635 dem *Heins.* : de(sinite) ω

Omnibus extemplo saeva sub imagine rupes
Cyaneae propior⟨que⟩ labor. quando adfore quaque
parte putent? stant ora metu nec fessa recedunt
lumina diversas circum servantibus undas,
cum procul auditi sonitus insanaque saxa,
saxa neque illa viris, sed praecipitata profundo
siderei pars visa poli. dumque ocius instant,
ferre fugam maria ante ratem, maria ipsa repente
deficere adversosque vident discedere montes,
omnibus et gelida rapti formidine remi.
ipse per arma volans et per iuga summa carinae
hortatur supplexque manus intendit Iason
nomine quemque premens: 'ubi nunc promissa superba
ingentesque minae, mecum quibus ista secuti?
idem Amyci certe visus timor omnibus antro
perculerat; stetimus tamen et deus adfuit ausis.
quin iterum idem aderit, credo, deus.' haec ubi fatus
corripit abiecti remumque locumque Phaleri
et trahit, insequitur flammata pudore iuventus.
unda laborantes praeceps rotat ac fuga ponti
obvia. miscentur rupes iamque aequore toto
Cyaneae iuga praecipites inlisa remittunt.
bis fragor infestas cautes adversaque saxis
saxa dedit, flamma expresso bis fulsit in imbri.
sicut multifidus ruptis e nubibus horror
effugit et tenebras nimbosque intermicat ignis
terrificique ruunt tonitrus elisaque noctem
lux dirimit (pavor ora virum, pavor occupat aures),
haud secus implevit pontum fragor; effluit imber
spumeus et magno puppem procul aequore vestit.
Advertere dei defixaque numina ponto,
quid scopulis praeclusa ratis, quid dura iuventus

638 ⟨que⟩ *B-1474* 641 auditi *Mas.* : -is ω 643 instant *F-1503* : -at ω 645 defic- *Burman* : defig- ω disced- *Sabellicus* : descend- ω 651 visus *Leo 966* : viso ω 661 sicut *Schenkl* : sicubi ω 667 lumina Co

expediat. pendet magnis favor ortus ab ausis.
prima coruscanti signum dedit aegide virgo
fulmineam iaculata facem. vixdum ardua cautes
cesserat, illa volans tenui per concita saxa
luce fugit. rediere viris animique manusque
ut videre viam. 'sequor, o quicumque deorum,'
Aesonides 'vel fallis' ait praecepsque fragores
per medios ruit et fumo se condidit atro.
coeperat hinc cedens abductis montibus unda
ferre ratem pelagoque dies occurrere aperto.
sed neque permissis iam fundere rector habenis
vela neque eniti remis pote, cum super adsunt
Cyaneae. premit umbra ratem scopulique feruntur
comminus. hic ⟨Iuno⟩ praecepsque ex aethere Pallas
insiliunt pariter scopulos: hunc nata coercet,
hunc coniunx Iovis, ut valido qui robore tauros
sub iuga et invito detorquet in ilia cornu.
inde, velut mixtis Vulcanius ardor harenis
verset aquas, sic ima fremunt fluctuque coacto
angitur et clausum scopulos super effluit aequor.
contra omnes validis tenui discrimine remis
pergere iter mediosque ratem transferre per ictus.
saxa sed extremis tamen increpuere corymbis
parsque (nefas) deprensa iugis, nam cetera caelo
debita. conclamant Minyae, latera utraque quippe
dissiluisse putant. fugit ipse novissimus ictus
Tiphys et ⟨e⟩ mediis sequitur freta rapta ruinis
nec prius obsessum scopulis respexit ad aequor
aut sociis temptata quies, nigrantia quam iam

673 rediere *B-1498* : cecidere ω 675 vel] nec *Koestlin 1, 237* fallis M^{c}R : -it ω 676 fumo C : fuso ω 677 hinc cedens *Heins.* : incendens ω abductis *Sabellicus F-1503* : add- ω 682 ⟨Iuno⟩ Vat *B-1474* 685 invitum *Thilo* 690 ictos V 691 se(sec- V)xa ω, *corr.* M 694 disil- V 695 ⟨e⟩ *B-1474*

litora longinquique exirent flumina Rhebae.
tunc fessas posuere manus, tunc arida anheli
pectora, discussa quales formidine Averni
Alcides Theseusque comes pallentia iungunt
oscula vix primis amplexi luminis oris.
nec vero ipse metus curasque resolvere ductor,
sed maria aspectans 'heu qui datus iste deorum
sorte labor nobis! serum ut veniamus ad amnem
Phasidis et mites' inquit 'dent vellera Colchi,
unde per hos iterum montes fuga?' talia fundit
imperio fixos Iovis aeternumque revinctos
nescius. id fati certa nam lege manebat,
siqua per hos undis umquam ratis isset apertis.
  Tum freta, quae longis fuerant impervia saeclis,
ad subitam stup⟨uer⟩e ratem Pontique iacentis
omne solum regesque patent gentesque repostae.
non alibi effusis cesserunt longius undis
litora, non, tantas quamvis Tyrrhenus et Aegon
volvat aquas, geminis tot desint Syrtibus undae.
nam super huc vastos tellus quoque congerit amnes;
non septemgemini memorem quas exitus Histri,
quas Tanais flavusque Tyres Hypanisque Novasque
addat opes quantosque sinus Maeotia laxent
aequora. flumineo sic agmine fregit amari
vim salis hinc Boreae cedens glaciantibus auris
Pontus et exorta facilis concrescere bruma.
utque vel immotos Ursae rigor invehit amnes

698 *Rhebas longinquus, quia in alto navigant Minyae: cf. Apoll. Rhod. 2,348sq.* Rhebae *B-1498* : Phoebi ω 708 fixos *B-1498* : -us ω 709 id *Heins.* : et ω manebat V : -bant V^1L 712 ⟨uer⟩ L^1 715 non *Harles* : nec ω 716 tot *Baehrens* : et ω; *cf. Bailey* 719 flavusque L^1 : fluviusque L, fluusque V Tyres *Mas. e codice (an e 6,201?)* : lyces ω Nonasque L 721 fregit *B-1474* : regit ω 724 invehit R^2, invehat *iam* L^1 : inveniat ω : invenit *vulgo*

vel freta versa vadis, hiemem sic unda per omnem
aut campo iacet aut tumido riget ardua fluctu,
atque hac Europam curvis anfractibus urget,
hac Asiam, Scythicum specie sinuatus in arcum.
illic umbrosae semper stant aequore nubes
et non certa dies, primo nec sole profundum
solvitur aut vernis cum lux aequata tenebris,
sed redit extremo tandem in sua litora Tauro.
   Iam Mariandynis advertit puppis harenis
atque celer terras regemque exquirit Echion
dicta ferens lectos (fama est si nominis umquam)
Haemoniae subiisse viros, det litora fessis.
adproperat Lycus auditis laetatus Achivis
ac simul Aesoniden omnemque in regia turbam
tecta trahit modo Bebryciis praefixa tropaeis,
mitis et in mediis effatur talia Grais:
'haud temere est, fato divum reor ad mea vectos
litora vos, odium quibus atque eadem ira furentis
Bebryciae saevaque pares de gente triumphi:
certa fides animis, idem quibus incidit hostis.
nos quoque, nos Amycum tanto procul orbe remoti
sensimus et saevis frater mihi fusus harenis.
ultor ego atque illuc cunctis accensus in armis
tunc aderam, cum vos mediis contenta ferebant
vela fretis. illum in sanie taboque recenti
vidimus aequoreo similem per litora monstro.
nec vero praerepta mihi suprema tyranni
fata queror bellove magis laetarer et armis
procubuisse meis, quam lege quod occidit ultus
ipse sua meritoque madent quod sanguine caestus.'

725 hiemiem V   727 urget *Heins.* : anguet ω   728 hac R^2 *F-1503* : huc ω   742 eadem *B-1498*, ira *Sabellicus* : ad ea mira ω   744 *exhib.* f   747 cunctis accensus *susp.*; luctu succensus *Reuss Philol. 58, 1899, 436*   751 praerepta *B-1474* : -cepta ω   753 ultus M^2 *B-1474* : vultus ω   754 sanguine] g guine V

excipit Aesonides: 'tuus ergo in montibus ignis
ille? tuas acies medio de gurgite vidi?'
fatur et ostentans prolem Iovis 'hic tibi Pollux
en,' ait 'inviso solvit cui pectore poenas.'
ille virum circa mirantia lumina volvit.
festa dehinc mediis ineunt convivia tectis
communesque vocant superos, quorum eruta nutu
Bebrycia, et votis pariter praeda⟨que⟩ fruuntur.

758 inliso *Columbus* cui A *F–1503* : qui ω 762 ⟨que⟩ *B–1474*

C. VALERI FLACCI SETINI BALBI

ARGONAUTICON LIBER QUINTUS

Altera lux haud laeta viris emersit Olympo:
Argolicus morbis fatisque rapacibus Idmon
labitur extremi sibi tum non inscius aevi.
at memor Aesonides nimium iam vera locuti
Phineos hinc alios rapto pavet Idmone luctus.
tum comiti pia iusta tulit caelataque multa
arte Dolionii donat velamina regis,
hospes humum sedemque Lycus. flens arma revellit
Idmonis e celsa Mopsus rate. robora caedunt
pars silvis portantque arae, pars auguris alba
fronde ⟨caput⟩ vittisque ligant positumque feretro
congemuere; dies simul et suus admonet omnes.
Ecce inter lacrimas interque extrema virorum
munera, quem cursus penes imperiumque carinae,
Tiphyn agit violenta lues cunctique pavore
attoniti fundunt maestas ad sidera voces:
'arquipotens adverte, precor, nunc denique Apollo!
hoc, pater, hoc nobis refove caput, ulla laboris
si nostri te cura movet, qui cardine summo
vertitur atque omnis manibus nunc pendet ab unis!'
dicta dabant ventis nec debita fata movebant.
qualem praecipiti gravidum iam sorte parentem

Inscr.: GAI VALERI FLACCI SETINI BALBI ARGONAUTICON (BALBI ARGONAUTICON *om.* V) LIBER IIII EXPLICIT INCIPIT QUINTUS (V L) UTERE BONO TUO FELICITER L *ante marginem abscisam,* V

5 rapto Vat *B-1474* : -ta ω   6 tun V   11 ⟨caput⟩ *B-1474*   14 carinae M[2] *B-1474* : -na ω   16 ad] a V

natorum flet parva manus trepidique precantur
duret ut invalidis et adhuc genitoris egenis,
haud aliter socii supremo in tempore Tiphyn
ante alios superesse volunt. mors frigida contra
urget et ille recens oculis intervolat Idmon.
exanimum frustra Minyae clamore morantur
avellique negant: vix membra rigentia tandem
imposuere rogo lacrimasque et munera flammis
vana ferunt, crescit donis feralis acervus.
ut vero amplexus fessi rupere supremos
et rapidae sonuere faces, tunc ipsa cremari
visa ratis medioque viros deponere ponto.
non tulit Aesonius geminis flagrantia cernens
corpora cara rogis, sed pectore ductor ab imo
talia voce gemit: 'quid tantum infensa repente
numina? quas nostri poenas meruere labores?
bina (nefas) toto pariter mihi funera surgunt
litore. magna adeo comitum numerosaque pubes?
aut socios rapit atra dies aut ipse relinquo
sontibus impulsus Furiis. ubi Tiphys? ubi Idmon
fata canens? ubi monstriferae par ille novercae?
te sine, Thespiade, nos ulla movebimus ultra
aequora? nec summa speculantem puppe videbo
Pleiadumque globos et agentes noctibus Arctos?
cui Minyas caramque ratem, cui sidera tradis?
carpere securas quis iam iubet Aesona noctes?
hoc labor, hoc dulci totiens fraudata sopore
lumina et admotis nimium mens anxia Colchis
profuit? heu quantum Phasis, quantum Aea recessit!

35 Aesonidus V, *unde editores* Aesonides, *sed cf. Housman (1,269)* fragl- ω, *corr.* Vat *B-1474*   37 voces V   39 toto *def. Strand 105sq.*, tuto *Sabellicus*   surgunt M^2 *B-1474* : -gent ω   42 furiis ubi Tiphys Vat *B-1474* : funis (-it L) subit iphys ω   47 cui D *F-1481* : Cy ω   50 admotis *Gronov. (4, 21)* : attonitis ω   51 Aea R^xHe : aeta ω

nunc quoque, si tenui superant in imagine curae,
adsis umbra, precor, venturi praescia caeli
rectoremque tuae moneas ratis.' haec ubi fatus,
sola virum flammis vidit labentibus ossa.
'quod tamen externis unum solamen in oris
restat,' ait 'caras humus haec non dividat umbras
ossaque nec tumulo nec separe contegat urna,
sed simul, ut iunctis venistis in aequora fatis.'
haud mora, reliquias socii defletaque miscent
nomina. tum vivo frondens e caespite tellus
aggeritur cinerem Lyco commendat Iason.
Maesti omnes dubiique, ratem fidissima cuius
dextra regat. simul Ancaeus sollersque petebat
Nauplius. Erginum fato vocat ipsa monenti
quercus et ad tonsas victi rediere magistri.
ac velut i⟨lle⟩, gregis cessit cui regia, taurus
fertur ovans, hunc omnis honos, hunc omnis in unum
transit amor. primo laetus sic tempore rector
ingreditur cursus. etenim dat candida certam
nox Helicen. iam prora fretum commoverat et iam
puppe sedens ⟨⏕ -⟩ dimiserat ancora terras.
Inde premente noto tristes Acherusidos oras
praeterit et festa vulgatum nocte Lyaei
Callichoron. nec vana fides: his Bacchus in undis
abluit eoo rorantes sanguine thyrsos.
illum post acies rubrique novissima claustra
aequoris hic resides thiasos, hic aera moventem

52 superant M^2 *B-1474* : -rat ω 53 praescia *B-1474* : -sagia ω 58 sapere V 61 frondens e *Heins.* : frondes et ω 67 ⟨lle⟩ C grecis ω, *corr.* L^1 68 hunc^1 L : hinc V in unum] intimum V 69 laetus M^2 ^{b}-1498 : laetu ω 71 iam^1 M^2 : nam ω 72 ⟨diras⟩ *e. g. Loehbach 2* 75 Callichoron *Fontius B-1498* : callirhoan ω his Bu *Pius* : hic ω in *Pius* : ut ω 78 aequoris M^2 *B-1474* : -res ω

udaque pampinea nectentem cornua vitta
nunc etiam meministis, aquae, Boeotia qualem
Thyias et infelix cuperet vidisse Cithaeron.
Fama per extremos quin iam volat improba manes
interea et magnis natorum laudibus implet,
addita ⟨ia⟩mque fretis repetens freta iamque patentes
Cyaneas. ardent avidos attollere vultus
quos pietas vel tangit adhuc quos aemula virtus.
fata immota manent; unum, qui litore in illo
conditus, ad carae mittunt spectacula turbae.
it Sthenelus. qualem Mavortia vidit Amazon
cumque suis comitem Alcides ut condidit armis,
talis ab aequorei consurgens aggere busti
emicuit. fulsere undae, sol magnus ut orbem
tolleret aut nubem quater⟨et⟩ polus. atque ea vixdum
visa viris atra nox protinus abstulit umbra.
ille dolens altum repetit chaos. omina Mopsus
dum stupet, in prima tumulum procul aspicit acta
obnubensque caput cineri dat vina vocato.
carmina quin etiam visos placantia manes
Odrysius dux rite movet mixtoque sonantem
percutit ore lyram nomenque relinquit harenis.
Altius hinc ventos recipit ratis ac fugit omne
Crobiali latus et fatis tibi, Tiphy, negatum
Parthenium, ante alios Triviae qui creditur amnis
fidus et Inopi materna gratior unda.

80 Boeotia *B-1498* : Booetia ω 84 ⟨ia⟩ *B-1474* fetis V^{ac1} repetens] referens *Schrader 3* iamque^{2} *F-1481* : namque ω patentes *anon. Heinsii* : pharentes ω 87 liotore V 89 it Sthenelus *B-1474* : it (ith- L) ythenelus ω 93 ⟨et⟩ *B-1474* ea] ca V 94 umbra *Heins.* : -am ω 95 omina *V-1523* : omnia ω 100 percutit *B-1474* : perclyt ω 101 altius *def. Hudson-Williams Class. Quart. 9, 1959, 65* hinc R^{2} *Pius* : in ω 102 Crobiali *Barbarus (6, 1) B-1498* : Cobilli ω 104 Inopi *Barbarus (6, 1)* : inopia ω

mox etiam Cromnae iuga pallentem⟨que⟩ Cytoron
te cita penitus condunt, Erythia, carina.
iamque reducebat noctem polus: alta Carambis
raditur et magnae pelago tremit umbra Sinopes.
Assyrios complexa sinus stat opima Sinope,
nympha prius blandosque Iovis quae luserat ignes
caelicolis immota procis: deceptus amatae
fraude deae nec solus Halys nec solus Apollo.
Addidit hic casu comites fortuna benigno
Autolycum Phlogiumque et Deileonta, secutos
Herculis arma viros. vagus hos ibi fixerat error.
ut Graiam videre manum puppemque Pelasgam
prima ruunt celeres ad litora seque precantur
accipiant socios. nova dux accedere gaudet
nomina desertos et iam sibi currere remos.
transit Halys longisque fluens anfractibus Iris
saevaque Thermodon medio sale murmura volvens,
Gradivo sacer et spoliis ditissimus amnis,
donat equos, donat votas cui virgo secures
cum redit ingenti per Caspia claustra triumpho
Massageten Medumque trahens. est vera propago
sanguinis, est ollis genitor deus. hinc magis alta
Haemonidae petere et monitus non temnere Phinei.
ipse autem comitum conversus ad ora novorum
'vos mihi nunc pugnas' ait 'et victricia' ductor
'Herculis arma mei vestrasque in litore Martis
interea memorate manus.' sic fatus et aegro

105 Cromnae *Heins.* : cromanae ω ⟨que⟩ M^{2}C Cytoron *B-1498* : Cytheron ω 107 alta Vat *B-1474* : alca ω 114 Autolycum R *B-1498* : aut holitum ω Phlog- *B-1498* : phog- ω Deileonta *B-1498* : deiolenta ω secutos M^{2} *B-1474* : -us ω 116 Pelasgam *B-1474* : -gum ω 120 Halys *B-1474* : -lyx ω aut fractibus ω, *corr.* L^{1} 121 Thermodon *B-1498* : -doon ω murmura *B-1474* : -re ω 125 Massageten *Pius* : Messageton ω Medumque M^{c} *B-1498* : medium- ω

corde silens audit currus bellique labores
virginei, exciderit frenis quae prima remissis,
semianimem patrius quam sanguine vexerit amnis,
quae pelta latus atque umeros nudata pharetris
fugerit, Herculeae mox vulnere prensa sagittae,
utque securigeras stimulaverit Ira catervas
fleturusque pater, quantus duce terror in ipsa,
qui furor in signis, quo balteus arserit auro.
    Nocte sub extrema clausis telluris ab antris
pervigil auditur Chalybum labor: arma fatigant
ruricolae, Gradive, tui; sonat illa creatrix
prima manus belli, terras crudelis in omnes.
nam prius ignoti quam dura cubilia ferri
eruerent ensesque darent, Odia aegra sine armis
errabant Iraeque inopes et segnis Erinys.
inde Genetaei rupem Iovis, hinc Tibarenum
dant virides post terga lacus, ubi deside mitra
feta ligat partuque virum fovet ipsa soluto.
vos quoque non notae mirati vela carinae,
Mossynoeci, et vos stabulis, Macrones, ab altis
Byzeresque vagi Philyraeque a nomine dicta
litora, quae cornu pepulit Saturnus equino.
    Ultimus inde sinus saevumque cubile Promethei
cernitur, in gelidas consurgens Caucasus Arctos.
ille etiam Alciden Titania fata morantem
attulerat tum forte dies iamque aspera nisu
undique convellens veteris cum strage pruinae

132 currus *def. Strand 109*, casus *Bailey* 135 umeros M^{2} *F-1481* : -is ω 139 in signis, *Mas.* : , insignis *vulgo* 142 isonat ω, *corr.* M^{2} *B-1474* 147 inde Genetaei *Politianus Epist. lib. 1, B-1498* : indigena et e ω Tibarenum *Polit. ibid., B-1498* : tibi mavors ω 151 Mossynoeci R *B-1498* : Moossonychi ω et vos *Kramer* : vos et ω Magro- ω, *corr. B-1498* 152 phyl- ω, *corr. B-1498* 156 itania ω, *corr.* L^{1} novantem *Eyssenhardt Rh. Mus. 17, 1862, 389*

vincula prensa manu saxis abduxerat imis
arduus et laevo gravior pede. consonat ingens
Caucasus et summo pariter cum monte secutae
incubuere trabes abductaque flumina ponto.
fit fragor, aetherias ceu Iuppiter arduus arces
impulerit imas manus aut Neptunia terras.
horruit immensum Ponti latus, horruit omnis
Armeniae praetentus Hiber penitusque recusso
aequore Cyaneas Minyae timuere relictas.
tum gemitu propiore chalybs densusque revulsis
rupibus audiri montis labor et grave Titan
vociferans, fixos scopulis dum vellitur artus.
contra autem ignari (quis enim nunc credat in illis
montibus Alciden dimissave vota retemptet?)
pergere iter socii. tantum mirantur ab alto
litora discussa sterni nive ruptaque saxa
et simul ingentem moribundae desuper umbram
alitis atque atris rorantes imbribus auras.

Sol propius flammabat aquas extremaque fessis
coeperat optatos iam lux ostendere Colchos,
magnus ubi adversum spumanti Phasis in aequor
ore ruit. cuncti pariter loca debita noscunt
signaque commemorant emensasque ordine gentes
dantque ratem fluvio. simul aethere plena corusco
Pallas et alipedum Iuno iuga sistit equorum.

Ac dum prima gravi ductor subit ostia pulsu
populeos flexus tumulumque virentia supra
flumina cognati medio videt aggere Phrixi,
quem comes infelix Pario de marmore iuxta
stat soror, hinc saevae formidine maesta novercae,

168 revulsis Vat *B-1474* : perv- ω   171 nunc *F-1481* : non ω   175 umbram M^2 *B-1474* : -a ω   176 imbridus V   180 cuncti V^1 *i. r.* : cunto V^{ar}, cuncto L   181 emensasque M^2 *B-1474* : e mensas quo ω   184 Actum V   187 Pario *Mas.* : parvo ω

inde maris, pecudique timens imponere palmas.
sistere tum socios iubet atque hinc prima ligari
vincula, ceu Pagasas patriumque intraverit amnem.
ipse gravi patera sacri libamina Bacchi
rite ferens umbram vocat et sic fatur ad aras:
'per genus atque pares tecum mihi, Phrixe, labores,
tu precor orsa regas meque his tuteris in oris
tot freta, tot †durae properanti† sidera passum.
Phrixe, fave et patrias ⟨⏖ –⟩ reminiscere terras.
tu quoque nunc, tumulo nequiquam condita inani,
adnue, diva maris, numeroque accede tuorum.
quando egomet rursus per te vehar? aurea quando
Seston et infaustos agnoscent vellera fluctus?
vos etiam, silvae, vos, Colchidos hospitis orae,
pandite dives ubi pellis micet arbore sacra.
tunc tibi, fecundi proles Iovis, orte nivali
Arcados axe deae, fluvio modo, Phasi, quieto
Palladiam patiare ratem. nec dona nec arae
defuerint tellure mea: veneranda fluentis
effigies te, Phasi, manet, quam magnus Enipeus
et pater aurato quantus iacet Inachus antro.'
dixerat atque illi dextra sine versa magistri
protinus in proram rediit ratis omine certo
fluminis os pontumque tuens. 'promittis ut ecce
utque vocas, revehemur!' ait. sic deinde precatus
arma iubet celsa socios depromere puppe.
dona dehinc Bacchi casusque ut firmet in omnes
rapta Ceres viridesque premunt longo ordine ripas.

194 Phrixe M^2 *B-1474* : phire ω labores M^2 *B-1474* : -is ω 195 orsa *B-1498* : ossa ω 196 durae] brumae *Ellis coll. Ov. Pont. 2,4,25 (Journ. Phil. 9, 1880, 52)* properantia R *Pius*, -tis *Ehlers* 197 ⟨placidus⟩ C *e. g.* 200 vehar L^1 : veara ω 203 micet C : misceat ω 207 verenda V, *unde* reverenda *Heins.* 210 dixit erat V 215 -que ut *Heins.* : qui ω

Incipe nunc cantus alios, dea, visaque vobis
Thessalici da bella ducis. non mens mihi, non haec
ora satis. ventum ad furias infandaque natae
foedera et horrenda trepidam sub virgine puppem;
impia monstriferis surgunt iam proelia campis.
ante dolos, ante infidi tamen exsequar astus
Soligenae falli meriti meritique relinqui,
inde canens: Scythica senior iam Solis in urbe
fata laborati Phrixus compleverat aevi.
illius extremo sub funere mira repente
flamma poli magnoque aries apparuit astro
aequora cuncta movens. at vellera Martis in umbra
ipse sui Phrixus monumentum insigne pericli
liquerat ardenti quercum complexa metallo.
quondam etiam tacitae visus per tempora noctis
effigie vasta socerumque exterruit ingens
prodita vox: '⟨o⟩ qui patria tellure fugatum
quaerentemque domos his me considere passus
sedibus, oblata generum mox prole petisti,
tunc tibi regnorum labes luctusque supersunt
rapta soporato fuerint cum vellera luco.
praeterea infernae quae nunc sacrata Dianae
fert castos Medea choros, quemcumque procorum
pacta petat, maneat regnis ne virgo paternis.'
dixit et admota pariter fatalia visus
tradere terga manu, tum falso fusus ab auro
currere per summi fulgor laquearia tecti.
membra toris rapit ille tremens patriumque precatur
numen et eoo surgentes litore currus:
'haec tibi fatorum, genitor, tutela meorum,

221 -feris L^1 : -feri ω   222 astus L^1 : artus ω   225 phixus V   228 bellera V   233 ⟨o⟩ R^2 *Pius*   236 tune V   237 vellerea ω, *corr.* L^1 238 n]unc s[acrata *desunt in* V   239 quemcumque L : quecumque V   240 pacta *ὕστερον πρότερον*   245 cursus V

omnituens, tua nunc terris, tua lumina toto
sparge mari. seu nostra dolos molitur opertos
sive externa manus, primus mihi nuntius esto.
tu quoque, sacrata rutilant cui vellera quercu,
excubias, Gradive, tene. praesentia luco
arma tubaeque sonent, vox et tua noctibus exstet.'
vix ea, Caucaseis cum lapsus montibus anguis
haud sine mente dei spiris nemus omne refusis
implicuit Graiumque procul respexit ad orbem.
ergo omnes prohibere minas praedictaque Phrixi
invigilat, plena necdum Medea iuventa
adnuitur thalamis Albani virgo tyranni.
  Interea auguriis monstrisque minacibus urbem
territat ante monens semper deus et data seri
signa mali, reddi iubet exitiale sacerdos
vellus et Haemoniis infaustum mittere terris.
contra Sole satus Phrixi praecepta volutans
aegro corde negat nec vulgi cura tyranno
dum sua sit modo tuta salus. tunc ordine regi
proximus et frater materno sanguine Perses
increpitare virum, sequitur duce turba reperto.
ille furens ira solio se proripit alto
praecipitatque patres ipsumque ut talibus ausis
spem sibi iam rerum vulgi levitate serentem
ense petit. rapit inde fugam crudelia Perses
signa gerens omnemque quatit rumoribus Arcton.
iamque aderat magnis regum cum milibus urbi
primaque in adversos frustratus proelia muros

247 limina V 253 Caucaseis L[1] : causas eis ω anguis M[2] *B-1474* : -es ω 254 refusis C : -fosis (-ss- L) ω 255 respexit L[1] : rexperit ω 260 -tat *B-1474* : -ta ω 262 infaustum Vat *B-1474* : -fastum ω 263 voluntas V 265 tuta] tua V 269 praecipit adque ω, *corr. Sabellicus, F-1503* -que ut *Sudhaus* : qui ω (*ut iam 5,215)* 273 regum Ha C : regnum ω

constiterat. datus et sociis utrimque cremandis
ille dies alterque dies, cum Marte remisso
debitus Aeaeis dux Thessalus adpulit oris.
Nox hominum genus et duros mi⟨se⟩rata labores
rettulerat fessis optata silentia terris.
at Iuno et summi virgo Iovis intima secum
consilia et varias sociabant pectore curas.
virgo prior 'magna pariter quos mole petamus?
cernis,' ait 'Colchos habeant quae proelia quique
nunc status. hinc Perses, illinc non viribus aequis
apparat Aeetes aciem. quibus addimur armis?'
cui Iuno: 'dimitte metus, ne proelia forte
hinc tibi grata negem. ⟨ ⏔ – ⟩ manet aegida sudor
et nostros iam sudor equos. stat pectore fixum
Aeetae sociare manus. scio perfida regis
corda quidem, nullos Minyis exsolvet honores.
verum alios tunc ipsa dolos, alia orsa movebo.' –
'sint precor haec; tua namque mihi comitanda potestas,'
Pallas ait 'liceat Grais ut reddere terris
Aesonium caput et puppem, quam struximus ipsae,
iactatam tandem nostro componere caelo.'
talia tunc hominum superi pro laude movebant.
Tristior at numquam tantove paventibus ulla
nox Minyis egesta metu. nil quippe reperto
Phaside, nil domitis actum Symplegados undis
cunctaque adhuc, magni veniant dum regis ad urbem,
ambigua et dubia rerum pendentia summa.
praecipue Aesoniden varios incerta per aestus
mens rapit undantem curis ac multa novantem.
qualiter ex alta cum Iuppiter arce coruscat
Pliadas ille movens mixtumque sonoribus imbrem

275 *Aen. 11,2sq. cont. Hudson-Williams Mnem. 26, 1973, 26*   278 ⟨se⟩ *B-1474*   281 varias M^2 *B-1474* : -ria ω   282 petimus *Langen*   286 fortes V^{ac} 287 ⟨iamiam⟩ *e. g. B-1474*   aegid V   289 Aeetes V   301 -gua M^2 *B-1498* : -guae ω   303 navantem V

horriferamve nivem, canis ubi tollitur omnis
campus aquis, aut sanguinei magna ostia belli
aut alios duris fatorum gentibus ortus,
sic tum diversis hinc atque hinc motibus anceps
pectora dux crebro gemitu quatit, optat et almum
iam iubar et certi tandem discriminis horas.
tunc defixa solo coetuque intenta silenti
versus ad ora virum 'quod primum ingentibus ausis
optavistis' ait 'veterumque quod horruit aetas,
adsumus en tantumque fretis enavimus orbem.
nec pelagi nos mille viae nec fama fefellit
Soligenam Aeeten media regnare sub Arcto.
ergo ubi lux altum sparget mare, tecta petenda
urbis et ignoti mens experienda tyranni.
adnuet ipse, reor, neque ⟨in⟩exorabile certe
quod petimus. sin vero preces et dicta superbus
respuerit, iam nunc animos firmate repulsae
quaque via patriis referamus vellera terris,
stet potius: rebus semper pudor absit in artis.'
dixerat et Scythicam qui se comitentur ad urbem
sorte petit numeroque novem ducuntur ab omni.
inde viam, qua Circaei plaga proxima campi,
corripiunt regemque petunt iam luce reducta.
   Forte deum variis per noctem territa monstris
senserat ut pulsas tandem Medea tenebras
rapta toris primi iubar ad placabile Phoebi
ibat et horrendas lustrantia flumina noctes.
namque soporatos tacitis in sedibus artus
dum premit alta quies nullaeque in virgine curae,

307 sanguinei M^2 *B-1474* : -guine ω 308 alios *nonn. ap. Pium* : altos ω, *sed versus nondum intelligitur* 309 motibus *Heins.* : moli- ω 310 almum M^2 *B-1474* : -am ω 318 sparget *B-1498* : -git ω 320 ⟨in⟩ M^2 *B-1474* certe M^2 *B-1474* terte ω 322 respuerit M^2 *B-1474* : -ent ω firmate M^2 *B-1474* : -ta ω 324 rebus pudor absit in arctis *exhib.* f

visa pavens castis Hecates excedere lucis,
dumque pii petit ora patris, stetit arduus inter
pontus et ingenti circum stupefacta profundo
fratre tamen conante sequi. mox stare paventes
viderat intenta pueros nece seque trementem
spargere caede manus et lumina rumpere fletu.
his turbata minis fluvios ripamque petebat
Phasidis aequali Scythidum comitante caterva.
florea per verni qualis iuga duxit Hymetti
aut Sicula sub rupe choros hinc gressibus haerens
Pallados, hinc carae Proserpina iuncta Dianae,
altior ac nulla comitum certante, priusquam
palluit et viso pulsus decor omnis Averno;
talis et in vittis geminae cum lumine taedae
Colchis erat nondum miseros exosa parentes.
ut procul extremi gelidis a fluminis undis
prima viros tacito vidit procedere passu,
substitit ac maesto nutricem adfata timore est:
'quae manus haec, certo ceu me petat agmine, mater,
advenit haud armis, haud umquam cognita cultu?
quaere fugam, precor, et tutos circumspice saltus.'
audit virginei custos grandaeva pudoris
Henioche, cultus primi cui creditus aevi,
tum trepidam dictis firmans hortatur alumnam.
'non tibi ab hoste minae nec vis' ait 'ulla propinquat
nec [te] metus: externo iam flammea murice cerno
tegmina, iam vittas frondemque imbellis olivae.
Graius adest, Graio sic cuncta simillima Phrixo.'
Sic ait. at Iuno, pulchrum longissima quando
robur cura ducis magnique edere labores,

338 fratre .. conante sequi R, tamen *nonn. ap. Pium* : frater et amens conantes qui ω stare *B-1474* : stara ω 339 trementum V *cf. Ehlers 1, 76* 342 aequali Scythidum C : aequalisque thidum ω 354 advenis V 357 Eni- ω, *corr. B-1498* 360 [te] M² *B-1474* 364 edere *Gronov. (1, 21)* : sedere ω

mole nova et roseae perfudit luce iuventae.
iam Talaum iamque Ampyciden astroque comantes
Tyndaridas ipse egregio supereminet ore.
non secus autumno quam cum magis asperat ignes
Sirius et saevo cum nox accenditur auro
luciferas crinita faces, hebet Arcas et ingens
Iuppiter. ast illum tanto non gliscere caelo
vellet ager, vellent calidis iam fontibus amnes.
regina, attonito quamquam pav⟨or⟩ ore silentem
exanimet, mirata tamen paulumque reductis
passibus in solo stupuit duce. nec minus inter
ille tot ignoti socias gregis haeret in una
defixus sentitque ducem dominamque catervae.
'si dea, si magni decus huc ades' inquit 'Olympi,
has ego credo faces, haec virginis ora Dianae,
teque renodatam pharetris ac pace fruentem
ad sua Caucaseae producunt flumina nymphae.
si domus in terris atque hinc tibi gentis origo,
felix prole parens olimque beatior ille,
qui tulerit longis et te sibi iunxerit annis.
sed fer opem, regina, viris! nos hospita pubes
advehimur, Graium proceres [ta] tua tecta petentes.
duc, precor, ad vestri quicumque est ora tyranni
ac tu prima doce fandi tempusque modumque.
nam mihi sollicito deus ignaroque locorum
te dedit, in te animos atque omnia nostra repono.'
Dixit et opperiens trepidam stetit. illa parumper
virgineo cunctata metu sic orsa vicissim:

370 hebet *Sabellicus* : habet ω   372 fontibus *B-1474* : foribus ω   373 ⟨or⟩ *B-1474*   375 solo *Heins.* : solito ω   378 adest V   379 ora C : arma ω   380 fru- *F-1481* : fur- ω   384 et te M^2 *B-1474* : ecce ω   385 nos *B-1474* : non ω   hospia V   386 [ta] L^1 388 ac tu *Pius* : astu ω   390 nostro V   392 vicissim] vicorsa vicissim V

'quem petis Aeeten genitor meus ipsaque iuxta
moenia, si vivos possis discernere calles.
hac adeo duce ferte gradus! ingentia namque
castra alios aditus atque impius obsidet hostis.'
dixerat haec patrium⟨que⟩ viam detorquet ad amnem
sacraque terrificae supplex movet inrita Nocti.
   Ille autem inceptum famula duce protinus urget
aere saeptus iter, patitur nec regia cerni
Iuno virum, prior Aeetae ne nuntius adsit.
iamque inerat populo mediaeque incognitus urbi
cum comes orsa loqui: 'Phoebi genitoris ad aras
ventum.' ait 'huc adytis iam se de more paternis
rex feret, hic proceres audit populosque precantes
adloquiis facilis: praesens pater admonet aequi.' 406
   Dixerat. ast illi propere monstrata capessunt 426
limina. non aliter quam si radiantis adirent 407
ora dei verasque aeterni luminis arces,
tale iubar ⟨per⟩ tecta micat. stat ferreus Atlans
Oceano genibusque tumens infringitur unda.
at medii per terga senis rapit ipse nitentes
altus equos curvoque diem subtexit Olympo.
pone rota breviore soror densaeque sequuntur
Pliades et madidis rorantes crinibus ignes.
nec minus hinc varia dux laetus imagine templi
ad geminas fert ora fores cunabula gentis
Colchidos hic ortusque tuens, ut prima Sesostris
intulerit rex bella Getis, ut clade suorum
territus hos Thebas patriumque reducat ad amnem,

394 bivios *Heins., sed cf. Langen ad loc.*   395 hac *F-1481* : huc ω   397 ⟨que⟩ Vat *B-1474*   amnem Vat *F-1481* : omnem ω   401 aethe ω, *corr.* L[1]   426 *post* 406 A *B-1498*, *voluit iam* ω (426 Adixerat V, 407 Blimina ω)   407 Blimina ω, *corr.* M   409 ⟨per⟩ T[1] *B-1498*   atdans V   410 infrin- R *V-1523* : infran- ω   414 ignes *i. e. Hyades*; imbres *Heins.*   415 hinc *Heins.* : hic ω   416 geminans V

Phasidis hos imponat agris Colchosque vocari
imperet. Arsinoen illi tepidaeque requirunt
otia laeta Phari pinguemque sine imbribus annum
et iam Sarmaticis permutant carbasa bracis.
barbarus in patriis sectatur montibus Aean
Phasis amore furens. pavidas iacit illa pharetras
virgineo turbata metu, discursibus et iam
deficit ac volucri victam deus alligat unda.
flebant populeae iuvenem Phaethonta sorores
ater et Eridani trepidum globus ibat in amnem.
at iuga vix Tethys sparsumque recolligit axem
et formidantem patrios Pyroenta dolores.
aurea quin etiam praesaga Mulciber arte
vellera venturosque olim caelarat Achivos.
texitur Argea pinus Pagasaea securi
iamque eadem remos, eadem dea flectit habenas,
ipsa subit nudaque vocat dux agmina dextra.
exoritur Notus et toto ratis una profundo
cernitur, Odrysio gaudebant carmine phocae.
apparent trepidi ⟨per⟩ Phasidis ostia Colchi
clamantemque procul linquens regina parentem.
urbs erat hinc contra gemino circumflua ponto,
ludus ubi et cantus taedaeque in nocte iugales
regalique toro laetus gener; ille priorem
deserit: ultrices spectant a culmine Dirae.
deficit in thalamis turbataque paelice coniunx
pallam et gemmiferae donum exitiale coronae
apparat ante omnes secum dequesta labores.

421 tep- *F-1503* : trep- ω 422 otila V 423 braeis V 425 illa M^2 *B-1474* : ulla ω 429 Phae- *B-1474* : phe- ω 434 caelarat L^2 : celerat ω 435 Argea *Bailey (Propertiana 211)* : -goa ω 436 habenas] *armamenta; nondum de navigatione narratur* 438 toto *Sabellicus* : torto ω 440 ⟨per⟩ C 443 et cantus R *Pius* : ex tantus ω 446 coniunxi V

munere quo patrias paelex ornatur ad aras
infelix et iam rutilis correpta venenis
implicat igne domos. haec tum miracula Colchis
struxerat Ignipotens nondum noscentibus, ille
quis labor, aligeris aut quae secet anguibus auras
caede madens. odere tamen visusque reflectunt.
   Quin idem Minyas operum defixerat error,
cum se Sole satus patriis penetralibus infert.
filius hunc iuxta primis Absyrtus in annis,
dignus avo quemque insontem meliora manerent.
tum gener Albanis Styrus qui advenerat oris,
distulerant sed bella toros. tum Phrontis et Argus
Aeolidae fraterque Melas, quos advena Phrixus
progenuit, pariterque levi Cytisorus in hasta.
post alii, quos praecipuo Titania tellus
legit honore patres, motique ad proelia reges.
admonet hic socios nebulamque erumpit Iason
sideris ora ferens; nova lux offusa Cytaeis.
conveniunt †rogitant†que viros rogitantque, quid ausi
quidve ferant. postquam primis inhiantia dictis
agmina suppressumque videt iam murmur Iason
talia miranti propius tulit orsa tyranno:
'rex Hyperionide, quem per freta tanta petendum
caelicolae et prima dignum statuere carina,
siquando hic aliquam nostro satus orbe solebat
Thessaliam, siquos Phrixus memorare Pelasgos,

451 domus ω, *corr.* M^2 452 ille *Heins.* : illa ω 453 aligeris L : ali**V^{pr}, alios V^{ar} 455 error *cf. Langen ad loc.;* horror *Meyncke 2, 369* 456 penetrabilibus ω, *corr.* L^1 460 Phron- *Pius* : phon- ω bellator ostum (ortum L) ω 461 Aeolidae *B–1498* : Aeoliae ω 462 Cyti- *Pius* : euthi- ω 464 patres *Pius* : -tris ω reges C : -gis ω 466 siderea *Heins.* lux] lus V offusa *Gronov. (4, 21)* : eff- ω 467 lustrant *Thilo* 469 murmur R *B–1498* : munus ω 470 maranti ω, *corr.* L^1

hi tibi tot casus, horrenda tot avia mensi
cernimur. ipse egomet proprio de sanguine Phrixi:
namque idem Cretheus ambobus et Aeolus auctor
cum Iove Neptunoque et cum Salmonide nympha.
me neque nunc enses araeque egere paternae
nec tua Thessalicis quamquam inclita nomina terris
sponte sequor. cui non iusso tot adire voluptas
monstra maris, cui Cyaneos intrare fragores?
sceptra tui toto Pelias sub numine Phoebi
maxima sorte tenens totque illa †cremantia† clivos
oppida, tot vigili pulcherrima flumina cornu,
ille meum imperiis urget caput, ille labores
dat varios, suus ut magnum rex spargit ab Argis
Alciden, Sthenelo ipse satus. tamen aspera regum
perpetimur iuga nec melior parere recuso.
hic sibi me auratae pecudis quiscumque periclis
exuvias perferre iubet. tibi gratia nostri
sit precor haec meritique locus, quod iussa recepi
teque alium quam quem Pelias speratque cupitque
promisi et meliora tuae mihi foedera dextrae.
si petere hoc saevi statuissem sanguine belli,
Ossa dabat Pindusque rates quotque ante secuti
inde nec audacem Bacchum nec Persea reges.
sed me nuda fides sanctique potentia iusti
huc tulit ac medii sociatrix gratia Phrixi
iamque tibi nostra geniti de stirpe nepotes.
nec tamen aut Phrygios reges aut arva furentis
Bebryciae spernendus adi: seu fraude petivit
seu quis honore meos, sua reddita dona deumque

479 neque nunc *suspectum* 482 frag- L^1 : frig- ω 483 numine *Heins.* : nom- ω 484 sorte *Gronov. (4, 21)* : oste ω illa] ille *Gronov. ibid.* ornantia *Schenkl*, prementia *Baehrens 1, 204* clivos *Schenkl* : divos ω 493 quam quem T *V-1523* : quemque ω 497 reges *F-1503* : -is ω 500 namque *Pius* 501 furentis M^c *B-1498* : -es ω

nos genus atque ratem magnae sensere Minervae.
vix tandem longis quaesitam Colchida votis
contigimus qualemque dabat te fama videmus.
tu modo ne claros Minyis invideris actus!
non aliena peto terrisve indebita nostris
(siquis et in precibus vero locus) atque ea Phrixo
crede dari, Phrixum ad patrios ea ferre penates.
munera tu contra victum mihi vecta per aequor
accipe, Taenarii chlamydem de sanguine aeni
frenaque et accinctum gemmis fulgentibus ensem:
hoc patrium decus, haec materni texta laboris,
his Lapithes adsuerat eques. da iungere dona,
da Scythicas sociare domos. sciat effera regis
ira mei, quem te horrifero sortitus in axe
Caucasus atque tuis quantum mitescat habenis.'
Talibus orantem vultu gravis ille minaci
iamdudum premit et furiis ignescit opertis.
ceu tumet atque imo sub gurgite concipit austros
unda silens, trahit ex alto sic barbarus iras
et nunc ausa viri, nunc heu sua prodita Grais
regna fremit. quin et facili sibi mente receptum
iam Phrixum dolet et Scythiae periisse timores.
nunc quassat caput ac iuvenis spes ridet inanes,
quid vesanus agat, quod vellera poscat ab angue.
urit et antiquae memorem vox praescia sortis:
cur simul ac Persen illinc sibi moverit atque hinc
Thessalicam fortuna ratem, num debitus ista
finis agat saevaeque petant iam vellera Parcae.

507 invideris M^{2} *B-1474*, *def. Ehlers 2, 130sq.* : invideri ω 512 Taenarei ω, *corr. Heins.* 514 laboris M^{2} *Mas.* : -res ω 518 habenis Bu *Balbus* : harenis ω 520 premit *Heins.* : fre- ω ignescit *B-1498* : ignoscit ω 521 centum et adque ω, *corr.* L^{1} 523 ausa *B-1474* : causa ω 524 receptum M^{c} *F-1481* : -tus ω 529 praesen V moverit Vat *B-1474* : -rint ω atque *Langen* : aut ω

interea quoniam belli pugnaeque propinquae
cura prior, fingit placidis fera pectora dictis
reddit et haec: 'cuperem haut tali vos tempore tectis
advenisse meis, quo me gravis adsidet hostis.
frater enim - sceptri sic omnibus una cupido -
excidium parat et castris me ingentibus urget.
quare age cognatas primum defendite sedes
nec decus oblati dimiseris advena belli;
namque virum trahit ipse chalybs. tum vellera victor
tam meritis nec sola dabo.' contra inscius astus
'ergo nec hic nostris derat labor arduus actis'
excipit Aesonides 'et ceu nihil aequore passis
additus iste dies? veniant super haec quoque fato
bella meo? non hunc parva mihi caede dolorem
quasque dedit luet ille moras.' tum Castora mittit,
qui ferat Aeaei sociis responsa tyranni.
acribus ast illos curis mora saeva trahebat
ac simul ut medio viderunt Castora campo
crebrior incussit mentem pavor. 'o Iovis alma
progenies, fare an patriam spes ulla videndi,
fare!' omnes, ille in mediis sic orsus Achivis:
'nec ferus Aeetes, ut fama, nec aurea nobis
terga negat, bello interea sed pressus iniquo
auxilium petit: armatos dux protinus omnes
accelerare iubet, longo nam tuta recessu
puppis et apposita fluvius defenditur urbe.'
Haud mora. prosiliunt quos nec Rhipaea iuventus
quos nec Hiber aut tota suis Aurora pharetris
sustineat. stetit explicito prius agmine pubes
expertique simul si tela artusque sequantur.

534 tali C : ali ω   536 sceptri - cupido *exhib.* f   539 dimiseris *B-1474* : dem- ω   540 Quippe viros trahit ipse chalybs *exhib.* f   541 tam *Burman* : tum ω   546 luet M^2 *F-1503* : levet ω   551 fare] fh- V, ph- L   552 omnes *B-1498* : -is ω   554 pressais V   561 (experti)que Vat *B-1474* : quo ω

nec quisquam freta nec patrias iam respicit urbes,
sed magis ad praesens itur decus. incita cristas
aura quatit, variis floret via discolor armis,
qualis ab Oceano nitidum †chorus† aethera vestit,
qualibus adsurgens nox aurea cingitur astris.
illos Sole satus tacita maestissimus ira
miratur temere adsumptos nec talia mallet
robora quam medios hostem subiisse penates.
interea laeto patitur convivia cultu
et iuxta Aesoniden magno cratere lacessit
nunc sibi monstrantem natos Iovis oraque iuxta
Aeacidum, nunc ingentes Calydonis alumnos.
audit et Alciden infando errore relictum
defletosque duces terraeque marisque labores.
ipse autem tantis concita furoribus arma
expetit Aesonides et amicos ordine reges.
'quis procul ille virum nobis, quem balteus asper
subligat et stricto stat proximus armiger arcu
ceu pugnam paret et positas confundere mensas?'
contra flammigeri proles Perseia Solis
'quem rogitas, Carmeius.' ait. 'mos comminus arma
semper habere viro, semper meminisse pharetrae.' 583
'illum' ait Aesonides 'pariter refer, horrida signis 587
cui chlamys et multa spirat coma flexilis aura.'
respicit Aeetes atque hunc quoque nomine reddit:
'dives Aron. croceos sic illius omnis odores
iactat eques, cunctis sic est coma culta maniplis;
sed ne sperne virum et comptis diffide capillis.
Campesus hic spoliis in tigri⟨di⟩s. ille profundo
incumbens Odrussa mero; viden alta comantem

562 urbe V 565sq. *nondum intelleguntur* 566 ad(surgens)] aut *Castiglioni Rendic. Milano 1940-1 = Decisa forficibus 1954, 69* 569 subisse V 570 vultu R *fort. recte* 573 Calydonos ω, *corr. B-1474* 589 Ae(e)tes *F-1481* : Aesonides ω 591 cunctis *Bentley ap. Haupt Opusc. 3, 105* : iunctis ω 593 ⟨di⟩ *B-1474* 594 viden alta *Pius cf. Mueller De re metr. 340* : vide lata ω

pectora et ingenti turbantem pocula barba?'
hic et Iaxarten dictis stupet hospes acerbis
immodicum linguaque gravem, cui nulla minanti
non superum, non praesentis reverentia belli.
contra autem Aeetes 'non frustra magna superbo
dicta volant' ait 'et vocem paria arma sequuntur
nec requies quin Marte diem noctemque fatiget.
atque ubi Rhipaea stupuerunt flumina bruma
iam pavidi cum prole Getae, iam pervigil illum
Medus et oppositis exspectat Hiberia claustris.
quid Latagum, quid si amnigenam mirere Choaspen?
bellatoris equi potantem cerne cruores
nec tamen immissis hic segnior ibit habenis.
hos autem quae quemque manus, ⟨quae⟩ signa sequantur
si memorem, prius umentem lux solverit umbram.
cras acies atque illa ducum cras regna videbis
dissona, saxiferae surgat quibus imber habenae,
quae iaculo gens apta levi, quae picta pharetris
venerit. ingentes animo iam prospice campos
atque hanc alipedi pulsantem corpora curru
Euryalen, quibus exsultet Mavortia turmis
et quantum elata valeat peltata securi,
cara mihi et veras inter non ultima natas.'
fatur et occiduo libat cratera parenti.
quisque suis tum vota deis et pocula fundit,
dent aciem, dent belligeros superare labores.

596 hinc *Bailey* et Vat *B-1474* : est ω Iaxarten *Mas., Pius* : Iax- ω acervis ω, *corr.* L^{1} 597 inulla ω, *corr.* L^{1} 598 belli *i. e. regum* 584-586 *huc transp. Meyncke 1, 50sq.* 584 Choaspen M^{2} : -spe ω 586 segnior *B-1498* : genitor ω 605 manus *B-1474* : magnus ω ⟨quae⟩ C 606 umbra V 609 quae^{1} *F-1481* : qua et ω quae^{2} Vat *B-1474* : qui ω 611 corporo V 616 suis *F-1481* : suum ω 617 dent^{2} Vat *B-1474* : dant ω

Ecce autem Geticis veniens Gradivus ab antris
ingentemque trahens Arctoa per aequora nubem
aspicit Aeaea Minyas stupefactus in urbe
ambitumque senem promissaque vellera puppi
Thessalicae. citus ad summi stellantia patris
tecta ruit questuque Iovem testatur acerbo:
'quae studiis, rex magne, quies? iam mutua divi
exitia in solos hominum molimur honores
teque ea cuncta iuvant, rabidam qui Pallada caelo
non abigis neque femineis ius obicis ausis.
non queror exstructa quod vexerit ipsa carina
vellera sacra meis sperantem avertere lucis
quodque palam tutata viros. sic cetera pergat,
si valet. insidiis quid nunc fallacibus ambit,
nostra ut Phrixeo spolientur templa metallo?
non opus auxilio Colchis nec foedere vestro:
et Persen simul et Minyas deposcimus hostes.
quin age (quid tantae coeunt in proelia gentes,
quid tuus Aesonides?) imus nos, protinus imus
in nemus auriferum et sumptis decernimus armis?
vel tu sola polo tacitis inopina tenebris
labere: quantus ibi deus experiere nec illas
adstiteris impune trabes. an Martia templa
intemeranda minus, tantum mihi lucus et agger
quod rudis et sola colimur si gentibus umbra?
est amor et rerum cunctis tutela suarum.
et tibi, magne pater, terris donaria certant;
est honor his etiam silvis. ego cara Mycenes

619 sarctoa ω, *corr.* L[1] 620 Minyas M[c] *F-1481* : minys ω 624 divi *Gronov. (4, 21)* : vidi ω 626 Pallada caelo L[1] : -d(a)e aelo ω 628 non R *B-1498* : num ω exfr- V 635-637 *dist. Langen* 642 si *i. e. siquidem* 643 suarum *B-1474* : suorum ω 644 magne *B-1474* : -a ω 645 silvis *Courtney* : suus ω Mycenes *Gronov. (4, 21)* : -is ω

culmina, virgineas praeder si Cecropis arces,
iam coniunx, iam te gemitu lacrimisque tenebit
nata querens. metuant ergo nec talia possint.'
  Non tulit haec animis quin longa silentia Pallas
rumperet inridens strepitumque minasque Gradivi.
'non tibi Aloidae quibus haec fera ⟨mur⟩mura iactes,
non Lapithae, sed Pallas' ait 'neque ego aegide digna
nec vocer ulterius proles Iovis, excidat iste
ni tibi corde tumor: lituos miser armaque faxo
oderis et primis adimam tua nomina bellis.
quin simili matrem demens gravitate secutus?
digna quidem, monstrum superis quae tale crearit.
quod tamen adgressae scelus aut quo crimine sontes
si iuvenem, qui iussa sui tam dira tyranni
impavidus maria et nondum qui nota subibat,
iuvimus et magnis aliquam spem movimus ausis?
an nullas praeferre preces nec foedera regis
ulla sequi, caeca sed cuncta impellere pugna
debuimus? sic Thraces agunt, sic turbidus iste
siqua petit. cuperem haec etiamnum bella remitti
nec socias armare manus. da vellera, rector,
et medio nos cerne mari. quod sin ea Mavors
abnegat et solus nostris sudoribus obstat,
ibimus indecores frustraque tot aequora vectae?' –
'fas aliquid nequeat sit femina –' coeperat ardens
hic iterum alternis Mavors insurgere dictis.
excipit hinc contra pater et sic voce coercet:
'quid, vesane, fremis? cum vos iam paenitet acti
peccatumque satis, tunc ad mea iura venitis.

646 Cecropis M^2 *B-1474* : -pias ω 650 Gradivi L^1 : -vit ω 651 Aloi- *B-1498* : aoli- ω ⟨mur⟩ L^1 657 crearit *Heins.* : creavit ω 661 iuvimus L^1 : vivi- ω 662 nullas M^2 *B-1474* : -a ω regis T^1 *B-1498* : -es ω 668 abnegat *Pius* : -get ω 669sq. *dist. Leo 969* 670 aliquid *V-1523* : -quae ω sit *Leo* : sic ω

quolibet ista modo quacumque impellite pugna,
quae coepistis, habent quoniam sua fata furores.
te tamen hoc, coniunx, et te, mea nata, monebo:
sit Persen pepulisse satis nec vana retentet
spes Minyas finemve velint imponere bello.
illum etenim talis rerum manet, accipite, ordo:
victa retro nunc castra dabit bellumque remittet
territus adventu ducis et virtute Pelasgi.
mox ubi Thessalicis referent hos flamina terris,
tunc aderit victorque domos et sceptra tenebit,
donec et Aeeten inopis post longa senectae
exilia, heu magnis quantumlicet, impia, fatis,
nata iuvet Graiusque nepos in regna reponat.
hic labor amborum⟨que⟩ haec sunt discrimina fratrum.
vadite et adversis, ut quis volet, inruat armis.'
  Dixerat. instaurat mensas pacemque reducit
et iam sidereo noctem demittit Olympo.
tunc adsuetus adest Phlegraeas [qui] reddere pugnas
Musarum chorus et citharae pulsator Apollo
fertque gravem Phrygius circum cratera minister.
surgitur in somnos seque ad sua limina flectunt.

675 quol- M^2 *B-1498* : quodl- ω 679 finenem (vel.) V 680 accipere V ordo C : ergo ω 683 referent M^2 *B-1474* : refle- ω 686 impia M^2 *B-1474* : inopia ω 687 iuvet *Mas.* : iubet ω 688 ⟨que⟩ *Carrio*, sunt haec *Pius* 691 sidereo *Heins.* : -am ω dem- *B-1498* : dim- ω 692 Phlegraeas *B-1498* : phlegyas ω [qui] *Mas.* 693 citharae Vat *B-1498*, pulsator Vat *B-1474* : -ra -tur ω 695 limina *B-1474* : lum- ω

C. VALERI FLACCI SETINI BALBI

ARGONAUTICON LIBER SEXTUS

At vigil isdem ardet furiis Gradivus et acri
corde tumet nec quas acies, quae castra sequatur
invenit. ire placet tandem[que] praesensque tueri,
sternere si Minyas magnoque rependere luctu
regis pacta queat Graiamque absumere pubem.
impulit hinc currus monstrum inrevocabile belli
concutiens Scythiaeque super tentoria sistit.
protinus e castris fugit sopor: excita tela,
turbati coiere duces. hos insuper ingens
fama movet, rate quae sacra vulgabat Achivos
advenisse sui repe⟨te⟩nte⟨s⟩ vellera Phrixi,
quos malus hospitio iunctaque ad foedera dextra
luserit Aeetes atque in sua traxerit arma.
Ergo consiliis dum nox vacat alta movendis
legatos placet ire duces mandataque Perses
edocet, adfari Minyas fraudemque tyranni
ut moneant. quinam hinc animos averterit error?
se primum Haemoniis hortatum ea vellera terris
reddere et exuvias pecudis dimittere sacrae:
hinc odium et tanti venisse exordia belli.
quin potius dextramque suam suaque arma sequantur

Inscr.: C. VALERI FLACCI SETINI BALBI ARGONAUTICON EXPLICIT LIBER V INCIPIT LIBER SEXTUS (VI D) V, *abscisa in* L, *succ.* D

1 Gradivus L[1] : -dibus ω   2 nec M[2] *B-1474* : ne ω   3 [que] L[1] tueri C : videri ω   5 grat- V   pubem *V-1523* : puppem ω   9 coiere M[2] *B-1474* : coire ω   11 *suppl.* M[2] *B-1474*

aut remeent (neque enim Aeetae promissa fidemque
esse loco). abstineant alienae sanguine pugnae.
non illos ideo tanti venisse labores
per maris. ignotis quid opus concurrere nec quos
oderis? haec medio Perses dum tempore mandat,
aureus effulsit campis rubor armaque et acres
sponte sua strepuere tubae. Mars saevus ab altis
'hostis io,' conclamat equis 'agite ite [ite], propinquat!'
ac simul hinc Colchos, hinc fundit in aequora Persen.
[tum gens quaeque suis commisit proelia telis
voxque dei pariter pugnas audita per omnes.]
Hinc age Rhipaeo quos videris orbe furores,
Musa, mone, quanto Scythiam molimine Perses
concierit, quis fretus equis per bella virisque.
verum ego nec numero memorem nec nomine cunctos
mille vel ora movens. neque enim plaga gentibus ulla
ditior: aeterno quamquam Maeotia pubes
Marte cadat, pingui numquam tamen ubere defit
quod geminas Arctos magnumque quod impleat Anguem
ergo duces solasque, deae, mihi promite gentes.
Miserat ardentes mox ipsa secutus Alanos
Heniochosque truces iam pridem infensus Anausis,
pacta quod Albano coniunx Medea tyranno,
nescius heu quanti thalamos ascendere monstri
arserit atque urbes maneat qui terror Achaeas,
gratior ipse deis orbaque beatior aula.
proxima Bisaltae legio ductorque Colaxes,

25 qus V 27 efful- M^2 *F-1481* : et ful- ω 28 ab M^2 *B-1474* : ob ω 29 [ite] M^2 *B-1474* 31sq. *del. Jachmann Rh. Mus. 84, 1935, 228-231* tum *Postgate Journ. Phil. 27, 1900, 253* : tunc ω gens *Meyncke I, 47 (cf. Lucan. 7,510)* : et ω telis *V-1523* : terris ω 40 geminas M^2 *F-1503* : -os ω Anguem M^2 *B-1474* : -gue ω 44 coniunx M^2 *B-1474* : condux ω 48 Bisaltae M^2 *F-1481* : his altae ω legio *F-1481* : regio ω

sanguis et ipse deum, Scythicis quem Iuppiter oris
progenuit viridem Myracen Tibisenaque iuxta
ostia, semifero – dignum si credere – captus
corpore, nec nymphae geminos exhorruit angues.
cuncta phalanx insigne Iovis caelataque gestat
tegmina dispersos trifidis ardoribus ignes;
nec primus radios, miles Romane, corusci
fulminis et rutilas scutis diffuderis alas.
insuper auratos collo gerit ipse dracones,
matris Horae specimen, linguisque adversus utrimque
congruit et tereti serpens dat vulnere gemmae.
tertius unanimis veniens cum milibus Auchus
Cimmerias ostentat opes, cui candidus olim
crinis inest, natale decus; dat longior aetas
iam speciem; triplici percurrens tempora nodo
demittit sacro geminas a vertice vittas.
Datin Achaemeniae gravior de vulnere pugnae
misit in arma Daraps, acies quem Martia circum
Gangaridum potaque Gerus quos efferat unda
quique lacum cinxere Bycen. non defuit Anxur,
non Radalo cum fratre Sydon, Acesinaque laevo
omine fatidicae †Phrixus† movet agmina cervae.
ipsa comes saetis fulgens et cornibus aureis
ante aciem celsi vehitur gestamine conti
maesta nec in saevae lucos reditura Dianae.
movit et Hylaea supplex cum gente Syenen
impia germani praetentans vulnera Perses.
densior haud usquam nec celsior extulit ullas
silva trabes fessaeque prius rediere sagittae

56 fulm- M^2 *F–1503* : flum- ω diffud- *B–1474* : diffund- ω 57 collo gerit *Bolton Class. Rev. 7, 1957, 104* : collegerat ω 63 speciem *Bailey* : spatium ω 65 Achaemoniae ω, *corr. F–1503* 69 Acesinaque *B–1498* : -ya caesinaque ω 73 nec in *V–1523* : necis ω lucos *Heins.* : -o ω 74 Syenen M^2 *F–1481* : syrenen ω

⟨.................................⟩
quin et ab Hyrcanis Titanius expulit antris
Ciris in arma viros plaustrisque ad proelia cunctas
Coelaletae traxere manus. ibi sutilis illis
est domus et crudo residens sub vellere coniunx
et puer e primo torquens temone cateias.
linquitur abruptus pelago Tyra, linquitur et mons
Ambenus et gelidis pollens Ophiusa venenis
degeneresque ruunt Sindi glomerantque paterno
crimine nunc etiam metuentes verbera turmas.
hos super aeratam Phalces agit aequore nubem
cum fremitu densique levant vexilla Coralli,
barbaricae quis signa rotae ferrataque dorso
forma suum truncaeque, Iovis simulacra, columnae.
proelia nec rauco curant incendere cornu
indigenas sed rite duces et prisca suorum
facta canunt veterumque, viris hortamina, laudes.
ast ubi Sidonicas inter pedes aequat habenas
illinc iuratos in se trahit Aea Batarnas,
quos duce Teutagono crudi mora corticis armat
aequaque nec ferro brevior nec rumpia ligno.
nec procul albentes gemina ferit aclyde parmas
hiberni qui terga Novae gelidumque securi
eruit et tota non audit Alazona ripa.
⟨..............................⟩
quosque Taras niveumque ferax Euarchus olorum.
te quoque venturis, ingens Ariasmene, saeclis
tradiderim, molem belli lateque ferentem

78 *versum perperam num. edd.; verba e Verg. Georg. 2,123sq. interpolata primi exhibere videntur* Vat *B-1474*: arboris ad summum quam pervenere cacumen   81 Coelaletae *Caussin* : Coeia laetae ω   sutilis *B-1498* : fut- ω   82 est *Loehbach* : et ω   94 facta *F-1503* : fata ω   95 aequat] *scil. habenas* ἀπὸ κοινοῦ, *cf. Schenkl 1, 292*   *post* 101 *lac. ind. Thilo, sed possis et post* 102   102 niveum- L[1] : nivem- ω

undique falcatos deserta per aequora currus.
insequitur Drangea phalanx claustrisque profusi
Caspiadae, quis turba canum non segnius acres
exsilit ad lituos pugnasque capessit eriles.
inde etiam par mortis honos tumulisque recepti
inter avos positusque virum. nam pectora ferro
terribilesque innexa iubas ruit agmine nigro
latratu⟨que⟩ cohors quanto sonat horrida Ditis
ianua vel superas Hecates comitatus in auras.
ducit ab Hyrcanis vates sacer agmina lucis
Vanus, eum Scythiae iam tertia viderat aetas
magnanimos Minyas Argoaque vela canentem.
illius et dites monitis spondentibus Indi
et centumgeminae Lagea novalia Thebes
totaque Rhipaeo Panchaia rapta triumpho.
discolor hastatas effudit Hiberia turmas,
quas Otaces, quas Latris agunt, et raptor amorum
Neurus et expertes canentis Iazyges aevi.
namque ubi iam vires gelidae notusque refutat
arcus et inceptus iam lancea temnit eriles
magnanimis mos ductus avis haud segnia mortis
iura pati, dextra sed carae occumbere prolis
ense dato, rumpuntque moras natusque parensque,
ambo animis, ambo miri tam fortibus actis.
hic et odorato spirantes crine †Mycael†

106 Drang(a)ea *F-1503* : -cea ω 110 iam *Langen* 112 ⟨que⟩ *B-1474* 113 auras Bu : aulas ω 114 sacer M[2] *B-1474* : acer ω 115 aetas MC : aestas ω 116 -goaque M[2] *B-1474* : -goatque ω 118 Lagea *Gronov. (1, 18)* : lagae ω 122 iazices (-zies V) ω, *corr. Barbarus (4, 12)* 123 gelidae *Loehbach 3* : -que aliae ω 124 arcus R *V-1523* : argus ω 125 mos *Sabellicus* : mox ω ductus *Pius* : dictus ω 126 prolis M[2] *B-1498* : -les ω 128 miri *Damsté Mnem. 49, 1921, 386* : miseri ω 129 odorato M[2] *V-1523* : -ta ω

Cessaeaeque manus et qui tua iugera nondum
eruis, ignotis insons Arimaspe metallis,
doctus et Auchates patulo vaga vincula gyro
spargere et extremas laqueis adducere turmas.
non ego sanguineis gestantem tympana bellis
Thyrsaget⟨en⟩ cinctumque vagis post terga silebo
pellibus et nexas viridantem floribus hastas.
fama ducem Iovis et Cadmi de sanguine Bacchum
hac quoque turiferos, felicia regna, Sabaeos,
hac Arabas fudisse manu, mox rumperet Hebri
cum vada Thyrsagetas gelida liquisse sub Arcto.
illis omnis adhuc veterum tenor et sacer aeris
pulsus et eoae memoratrix tibia pugnae.
iungit opes Emeda suas, sua signa secuti
Exomatae Torynique et flavi crine Satarchae.
mellis honor Torynis, ditant sua mulctra Satarchen,
Exomatas venatus alit nec clarior ullis
Arctos equis. abeunt Hypanin fragilemque per undam
tigridis aut saevae profugi cum prole leaenae
maestaque suspectae mater stupet aggere ripae.
impulit et dubios Phrixei velleris ardor
Centoras et diros magico terrore Choatras.
omnibus in superos saevus honor, omnibus artes
monstrificae, nunc vere novo compescere frondes,
nunc subitam trepidis Maeotin solvere plaustris.
maximus hos inter Stygia venit arte Coastes.
sollicitat nec Martis amor, sed fama Cytaeae
virginis et paribus spirans Medea venenis.
gaudet Averna palus, gaudet iam nocte quieta
portitor et tuto veniens Latonia caelo.

132 gy- C : cy- ω 135 ⟨en⟩ *B–1474* posterga V 139 manu R *Pius* : -um ω 140 -getas *Pius* : -gatas ω 143 Emeda *?* 152 sonor *Sudhaus metri causa* artes M^2 *B–1474* : -tus ω 157 venenis] veniens V^{ar}, ven*ens V^{pr} 159 tuto *Gronov. Obs. in Script. Eccl. 100* : toto ω

ibant et geminis aequantes cornibus alas
Balloniti comitumque celer mutator equorum
Moesus et ingentis frenator Sarmata conti.
nec tot ab extremo fluctus agit aequore nec sic
fratribus adversa Boreas respondet ab unda
aut is apud fluvios volucrum canor, aethera quantus
tunc lituum concentus adit lymphataque miscet
milia, quot foliis, quot floribus incipit annus.
ipse rotis gemit ictus ager tremibundaque pulsu
nutat humus, quatit ut saevo cum fulmine Phlegram
Iuppiter atque imis Typhoea verberat arvis.
  Prima tenent illinc patriis Absyrtus in armis
et gener ingentesque inter sua milia reges.
at circa Aesoniden Danaum manus ipsaque Pallas
aegide terrifica, quam nec dea lassat habendo
nec pater horrentem colubris vultuque tremendam
Gorgoneo. nec semineces ostendere crines
tempus adhuc primasque sinit concurrere pugnas.
impulit hos contra Mavors pater et mala leti
Gaudia Tisiphoneque caput per nubila tollens
ad sonitum litui mediaque altissima pugna
necdum clara quibus sese Fuga mentibus addat.
  Illi ubi consertis iunxere frementia telis
agmina virque virum galeis adflavit adactis
continuo hinc obitus perfractaque caedibus arma
corporaque, alternus cruor alternaeque ruinae.
volvit ager galeas et thorax erigit imbres
sanguineos. hinc barbarici glomerantur ovatus,
hinc gemitus mixtaeque virum cum pulvere vitae.

164 respondit V 165 canor *Heins.* : clamor ω 166 concentus R *B-1498* : -ceptus ω 168 ictus *Heins.* : intus ω 169 quatis L fulm- R *B-1498* : flum- ω phlegra V 170 Typhoea M^2 *B-1474* : typhea ω̦ antris *Sabellicus* 174sq. nec . . nec] nunc . . nunc *Leo 959* 176 seminetis V 180 sonitum] sistunt V^{ac1} 181 addat *B-1474* : -dant ω 183 gladiis *Columbus*

Caspius Aeaeum correpto crine Monesen
abstulit; hinc pariter Colchi Graique sequuntur
missilibus; rapit ille necem praedamque relinquit
nec sociis iam cura viri. Dipsanta Caresus
Strymonaque obscura spargentem vulnera funda
deicit. Albani cadit ipse Chremedoni[di]s hasta
iamque latet currusque super turmaeque feruntur.
processere Melas et Idasmenus. incipit hasta
ante Melas, levis ast abies elusit utrumque.
ensibus inde ruunt. prior occupat aere citato
cassidis ima Melas, infracta est vulnere cervix.
mixta perit virtus: nescit cui debeat Ocheus
aut cui fata Tyres. dum sibila respicit Iron
cuspidis Argivae, Pyliam latere accipit hastam.
Viderat Hyrcanos paribus discurrere fratres
Castor equis, pater armento quos dives ab omni
nutrierat fatisque viam monstra⟨ra⟩t iniquis.
tum magis atque magis peditem candore notato
Tyndariden incendit amor. simul obvius hastam
pectus in adversum †gleacit† alipedemque
insilit excusso victor duce. risit ab alta
nube pater prensisque equitem cognovit habenis.
at pariter luctuque furens visuque Medores
Tyndariden petit et superos sic voce precatur:
'hunc age vel caeso comitem me reddite fratri!
primus at hic nostra sonipes cadat impius hasta
credita qui misero non rettulit arma parenti

193 -moniaque V 194 [di] M^{2}C chremo- V 196 et Idasm- *B-1498* : fidasm- ω 197 ast abies L^{1} : hastabies ω utrumque M *B-1498* : -imque ω 198 inde] insibus V aere citato L^{1} : aeregit ato ω 200 mixta perit virtus *exhib.* f 202 cupidis V 205 fatisque L^{1} : fratris- ω ⟨ra⟩ L^{1} 207 hastam *B-1474* : -a ω 208 gleacit] Gelae T^{1}R^{2}, iacit *B-1474* 209 insilit *Heins.* : constitit ω, *quo retento lac. post v. 208 indic. Kramer* cadet V

meque venit contra captivaque terga ministrat.'
dixerat, Actaei sed eum prior hasta Phaleri
deicit; ad socias sonipes citus effugit alas.
  Quis tibi fatales umquam metuisset Amyclas
Oebaliamque manum, tot, Rhyndace, montibus inter
diviso totidemque fretis? cadit impiger una
inguine transfosso clari Taulantis alumnus
semidea genetrice Tages, cui plurima silvis
pervigilat materna soror cultusque laborat.
tenuia non illum candentis carbasa lini,
non auro depicta chlamys, non flava galeri
caesaries pictoque iuvant subtegmine bracae.
iamque novus mediae stupefacta per agmina pugnae
vadit eques densa spargens hastilia dextra
fulmineumque viris profundens ingerit ensem
huc alternus et huc, cum saevior ecce iuventus
Sarmaticae coiere manus fremitusque virorum
semiferi. riget his molli lorica catena,
id quoque tegmen equis; at equi porrecta per armos
et caput ingentem campis hostilibus umbram
fert abies obnixa genu vaditque virum vi,
vadit equum, docilis relegi docilisque relinqui
atque iterum medios non altior ire per hostes.
orbibus hos rapidis mollique per aequora Castor
anfractu levioris equi deludit anhelos
immemoresque mori; sed non isdem artibus aeque

217 Phaleri C : parenti ω   222 alumnis V   225 lini Ha C : nili ω   228 *post* 245 V   230 prōfundens L *plerisque susp.; sed cf. Cat. 64,202; Claudian. c. m. 28,14 et fort. Lucan. 7,159* : profundis V *profundere 'procidere facere' Housman (ad Lucan. 7,158)*   232 coiere M^2 *B-1474* : coire ω   -tusque *B-1474* : -tuque ω   234 equis M^2 *V-1523* : quis ω   at equi *B-1498* : age qui ω   armos M^2 *B-1474* : -as ω   237 religi V   238 altior *cf. Syme Class. Quart. 23, 1929, 132sq.*; tardior *Heins.*   241 mori *cf. Ehlers 2, 131*

concurrunt ultroque ruunt in funera Colchi.
Campesus impacta latus inter et ilia quercu
tollitur ac mediam moriens descendit in hastam.
Oebasus infestum summisso poplite Phalcen
evasisse ratus laevum per luminis orbem
transigitur; tenerae tinguuntur vulnere malae.
contra autem geminis fidens thoracibus ictum
sustulit et gladio Sibotes ferit ultima teli
nequiquam. iam cuspis inest nec fragmina curat
Ambenus et trunco medium subit Ocrea ligno.
seminecem Taxes Hypanin vehit atque remissum
pone trahit fugiens et cursibus exuit hastam
dumque recollectam rursus locat, inruit ultro
turbatumque Lacon et adhuc invadit inermem.
impulit adverso praeceps equus Onchea conto
nequiquam totis revocantem viribus armos
in latus. accedit sonipes, accedit et ipse
frigidus. arma cadunt, rorat procul ultima cuspis.
qualem populeae fidentem nexibus umbrae
siquis avem summi deducat ab aere rami
ante manu tacita cui plurima crevit harundo;
illa dolis viscoque super correpta sequaci
implorat ramos atque inrita concitat alas.
Parte alia infestis (nam fors ita iunxit) in armis
Styrus adest laetusque virum cognoscit Anausis
et prior 'en cuius thalamis Aeetia virgo
dicta manet nostrosque feret qui victor amores.
non' ait 'invitoque gener mutabere patri.'
tum simul adversas conlatis cursibus hastas

244 desc- *B-1474* : disc- ω 247 tenerae *F-1481* : -ro ω tinguuntur *Wagner 2, 384* : linquuntur ω 249 sustulit *a suffero Strand 114sq.* 251 subi V 253 pone L^1 : ponet ω 258 accedit *bis mirum* 265 fors ita *B-1498* : forsitan ω in armis R *B-1498* : inanis ω 266 Anausis *Dureau* : -sim ω 269 non] *Verg. Aen. 9,208 cont. Langen*

coniciunt, fugit adductis Albanus habenis
saucius atque datum leto non sperat Anausin
nec videt. ille autem telo moribundus adacto
'ad soceros pactaeque sinus en coniugis,' inquit
'Styre, fugis vulnus referens, quod carmine nullo
sustineat nullisque levet Medea venenis.'
dixerat, extremus cum lumina corripit error
voxque repressa gelu percussaque vertice tellus.
  Hinc animos acies auget magnoque doloris
turbine Gesandrum Mavors rapit. ille morantes
increpat et stricto sic urget Iazygas ense:
'nempe omnes cecidere senes, nempe omnis ademptus
ante pater. quae vos subito tam foeda senectus
corripuit fregitque animos atque abstulit iras?
aut mecum mediam, iuvenes, agite ite per urbem
Argolicamque manum aut caris occumbite natis.'
inruit et patrias coeptis ferus advocat umbras:
'sancte mihi Vorapte pater, tua pectora nato
suggere nunc animamque parem, si fata peroso
tarda tibi turpesque moras non segnius ipsi
paruimus parvique ea⟨de⟩m didicere nepotes.'
haec ait auditusque Erebo. tunc corripit ensem
turbidus et furiis ardens quatit arma paternis.
indigenis sacratus aquis magnique sacerdos
Phasidis Arctois Aquites errabat in armis
(populeus cui frondis honor conspectaque glauco
tempora nectuntur ramo) te, Cyrne, parentis
immemorem durae cupiens abducere pugnae.
iamque omnes impune globos diversaque lustrans
agmina non usquam videt utque iterum intrat ⟨⏑ – ⏓⟩

279 magnoque doloris C : -osque -es ω 281 sic urget *B-1474* : sigurgit ω iazicas ω, *corr. Barbarus (4, 12)* 285 urbem *i. e. milites urbis Strand 64sq.* 291 ⟨de⟩ *Baehrens* dedicere ω, *corr.* L^1 296 popul- Vat *B-1474* : pupul- ω 300 utque *Burman* : atque ω ⟨in aequor⟩ *e. g. F-1481*

vociferans, iterum belli diversa peragrat,
lancea caeruleas circum strepit incita vittas.
opprimit admissis ferus hinc Gesander habenis.
ille manum trepidans atque inrita sacra tetendit
'te'que 'per hanc, genitor,' inquit 'tibi si manet, oro
canitiem, compesce minas et sicubi nato
parce meo!' dixit. contra sic victor adacto
ense refert: 'genitor, turpi durare senecta
quem mihi reris adhuc, ipse hac occumbere dextra
maluit atque ultro segnes abrumpere metas.
et tibi si pietas nati, si dextra fuisset,
haud medii precibus tereres nunc tempora belli,
praeda future canum. iuveni sors pulchrior omnis:
et certasse manu decet et caruisse sepulchro.'
dixerat. ille deos moriens caelumque precatur,
dextera ne misero talis foret obvia nato.
  Te quoque, Canthe, tui non inscia funeris Argo
flevit ab invita rapientem tela carina.
iam Scythicos miserande sinus, iam Phasidis amnem
contigeras nec longa dies, ut capta videres
vellera et Euboicis patrios de montibus ignes.
illum ubi congressu subiit Gesander iniquo
territat his:'tu qui faciles hominumque putasti
has, Argive, domos, alium hic miser aspicis annum
altricemque nivem festinaque taedia vitae.
non nos aut levibus componere bracchia remis
novimus aut ventos opus exspectare ferentes:
imus equis qua vel medio riget aequore pontus
vel tumida fremit Hister aqua. nec moenia nobis
vestra placent: feror Arctois nunc liber in arvis

303 hinc *Burman* : hunc ω 308 refert *F–1481* : refer ω 312 tereres Vat *F–1481* : terere ω tempora *B–1474* : -re ω 313 omnis *Lennep ap. Schenkl 2* : -i ω 318 ab *F–1481* : ad ω 319 amne V 328 qua M² *B–1474* : quam ω aequora V

cuncta tenens; mecum omnis amor iacturaque plaustri
sola nec hac longum victor potiere rapina.
ast epulae quodcumque pecus, quaecumque ferarum.
mitte Asiae, mitte Argolicis mandata colonis,
ne trepident. numquam has hiemes, haec saxa relinquam,
Martis agros, ubi tam saevo duravimus amne
progeniem natosque rudes, ubi copia leti
tanta viris. sic in patriis bellare pruinis
praedarique iuvat talemque hanc accipe dextram!'
dixit et Edonis nutritum missile ventis
concitat. it medium per pectus et horrida nexu
letifer aera chalybs. trepidus super advolat Idas
ac simul Oenides pariterque Menoetius et qui
Bebrycio †propius† remeavit ab hospite victor.
at vero ingentem Telamon procul extulit orbem
exanimem te, Canthe, tegens. ceu saeptus in arto
dat catulos post terga leo, sic comminus astat
Aeacides gressumque tenet contraque ruentem
septeno validam circumfert tegmine molem.
nec minus hinc urget Scythiae manus armaque Canthi
quisque sibi et Graio poenam de corpore poscens.
arduus inde labos medioque in corpore pugna
conseritur. magno veluti cum turbine sese
ipsius Aeoliae frangunt in limine venti,
quem pelagi rabies, quem nubila quemque sequatur
ille dies, obnixa virum sic comminus haeret
pugna nec arrepto pelli de corpore possunt.

331 iact- Vat *B-1474* : iarct- ω plustri V 335 trepident *B-1474* : -dant ω relinquam *B-1498* : -quat ω 336 saevo *B-1474* : -i ω 340 Edonis *Pius* : aedoniis ω 341 it *B-1474* : ad ω 343 Menoetius *B-1474* : meonetius ω 344 sociis *Bailey* 347 astat *Baehrens* : hasta ω : hastam *Carrio* 349 septeno Vat *B-1474* : -tono ω 350 -que *om.* V 352 corpore *ob vv. 351 et 357 susp.*; funere *Baehrens* 353 turbine Vat *B-1474* : turmine ω 357 arrepto *B-1474* : -os ω pelli *Burman* : belli ω : velli *B-1474*

ut bovis exuvias multo qui frangit olivo
dat famulis, tendunt illi tractuque vicissim
taurea terga domant, pingui fluit unguine tellus.
talis utrimque labos raptataque limite in arto
membra viri miseranda meant. hi tendere contra,
hi contra alternaeque virum non cedere dextrae.
hinc medium Telamon Canthum rapit, hinc tenet ardens
colla viri et molles galeae Gesander habenas,
insonuit quae lapsa solo dextramque fefellit.
ille iterum in clipei septemplicis improbus orbem
arietat et Canthum sequitur Canthumque reposcit,
quem manus a tergo socium rapit atque receptum
virginis Euryales curru locat. advolat ipsa
ac simul Haemonidae Gesandrumque omnis in unum
it manus. ille novas acies et virginis arma
ut videt 'has etiam contra bellabimus?' inquit
'heu pudor!' inde Lycen ferit ad confine papillae,
inde Thoen, qua pelta vacat iamque ibat in Harpen
vixdum prima levi ducentem cornua nervo
et labentis equi tendentem frena Menippen,
cum regina gravem nodis auroque securem
congeminans partem capitis galeaeque ferinae
dissipat. hic pariter telorum immanis in unum
it globus. ille diu coniectis sufficit hastis –
quin [etiam] gravior nutuque carens exterruit Idan –,
tunc ruit ut montis latus aut ut machina muri,
quae scopulis trabibusque diu confectaque flammis
procubuit tandem atque ingentem propulit urbem.

358 ut bovis *F-1481* : et vobis ω 360 unguine *B-1474* : ing- ω tellis V 362 meant *i. e. commeant (Pius)* 366 quae *F-1481* : qua ω 368 et] e V 373 bellav- ω, *corr. Pius* 375 arben V, harben V[1] 376 vixtum V 377 et *Heins.* : in ω Menippen *Balbus* : en hippen ω 380 hinc *Thilo* 382 [etiam] *B-1474* Idam ω, *corr. Leo 970* *ille telis gravatus quidem, sed nondum in terram latus ext. Idan* 385 tandem M[2] *Pius* : tamen ω propulit] protulit V, prodidit *Gronov. (3, 20)*

Ecce locum tempusque ratus iamque et sua posci
proelia falcatos infert Ariasmenus axes
saevaque diffundit socium iuga protinus omnes
Graiugenas, omnes rapturus acumine Colchos.
qualiter exosus Pyrrhae genus aequora rursus
Iuppiter atque omnes fluvium si fundat habenas,
ardua Parnasi lateant iuga, cesserit Othrys
piniger et mersis decrescant rupibus Alpes:
diluvio tali paribusque Ariasmenus urget
excidiis nullo rapiens discrimine currus.
aegida tum primum virgo spiramque Medusae
ter centum saevis squalentem sustulit hydris,
quam soli vidistis, equi. pavor occupat ingens
excussis in terga viris diramque retorquent
in socios non sponte luem. tunc ensibus uncis
implicat et trepidos lacerat discordia currus.
Romanas veluti saevissima cum legiones
Tisiphone regesque movet, quorum agmina pilis,
quorum aquilis utrimque micant eademque parentes
rura colunt, idem lectos ex omnibus agris
miserat infelix non haec ad proelia Thybris:
sic modo concordes externaque fata petentes
Palladii rapuere metus, sic in sua versi
funera concurrunt dominis revocantibus axes.
non tam foeda virum Laurentibus agmina terris
eiecere Noti, Libyco nec talis imago
litore cum fractas involvunt aequora puppes.
hinc biiuges, illinc artus tenduntur eriles
quos radii, quos frena secant trahiturque trahitque
currus caede madens atroque in pulvere regum

389 acumine *Delz* : ab agmine ω 392 Parnassi V gesserit V
393 rubibus V 399 retorquent *Columbus* : -quet ω 404 aquilis M^2 *F-1503* : aqualis ω parentes *Burman* : -is ω 408 Palladit V
412 aequora Vat *B-1474* : -re ω 413 artus M^2 *F-1481* : arcus ω

viscera nunc aliis, aliis nunc curribus haerent.
haud usquam Colchorum animi †neque in peste revinctos†
tela, sed implicitos miseraque in peste revinctos
confodiunt ac forma necis non altera surgit
quam cervos ubi non Umbro venator edaci,
non penna petit, haerentes sed cornibus altis
invenit et caeca constrictos occupat ira.
ipse recollectis audax Ariasmenus armis
desilit. illum acies curvae secat undique falcis
partiturque rotis atque inde furentia raptus
in iuga Circaeos tetigit non amplius agros.
  Talia certatim Minyae sparsique Cytaei
funera miscebant campis Scythiamque premebant.
cum Iuno Aesonidae non hanc ad vellera cernens
esse viam nec sic reditus regina parandos
extremam molitur opem, funesta priusquam
consilia ac saevas aperit rex perfidus iras.
increpat et seris Vulcanum maesta querellis,
cuius flammiferos videt inter regia tauros
pascua Tartaream proflantes pectore noctem.
haec etenim Minyas ne iungere Marte peracto
monstra satis iubeat Cadmei dentibus hydri
ante diem, timet et varias circumspicit artes.
sola animo Medea subit, mens omnis in una
virgine, nocturnis qua nulla potentior aris.
illius adflatus sparsosque per avia sucos

416 viscera L[1] : vicera ω   417 usquam] moti *Baehrens*; *sensus: Colchi immoti tela iacere non desinunt*   419 altera surgit L[1] : aliter asurgit ω   421 pinna ω   422 occupat *Strand 115sq.* : accipit ω   424 falcis M[2] *B-1474* : -ces ω   425 parti- M[2] *B-1474* : pati- ω   428 campis *B-1474* : -pi ω   premebant Vat *B-1474* : -bat ω   438 ante diem *i. e. priusquam ipsa parata sit (Courtney)* 439-476 *folio exscisso desunt in* V   441 adflatus R *B-1498* : ad fletus L[1] : ad fretus L

sidera fixa pavent et avi stupet orbita Solis.
mutat agros fluviumque vias, †suus† alligat ignis
†cuncta sopor† recolit fessos aetate parentes
datque alias sine lege colus. hanc maxima Circe
terrificis mirata modis, hanc advena Phrixus
quamvis Atracio lunam spumare veneno
sciret et Haemoniis agitari cantibus umbras.
ergo opibus magicis et virginitate tremendam
Iuno duci sociam coniungere quaerit Achivo.
non aliam tauris videt et nascentibus armis
quippe parem nec quae medio stet in agmine flammae,
nullum mente nefas, nullos horrescere visus:
quid si caecus amor saevusque accesserit ignis?
hinc Veneris thalamos semperque recentia sertis
tecta petit. visa iamdudum prosilit altis
diva toris volucrumque exercitus omnis Amorum.
ac prior hanc placidis supplex Saturnia dictis
adgreditur veros metuens aperire timores.
'in manibus spes nostra tuis omnisque potestas
nunc.' ait 'hoc etiam magis adnue vera fatenti.
durus ut Argolicis Tirynthius exsulat oris
mens mihi non eadem Iovis atque adversa voluntas,
nullus honor thalamis flammaeve in nocte priores.
da, precor, artificis blanda adspiramina formae
ornatusque tuos terra caeloque potentes!'
sensit diva dolos iam pridem sponte requirens
Colchida et invisi genus omne exscindere Phoebi.
tum vero optatis potitur nec passa precari
ulterius dedit acre decus fecundaque monstris
cingula, non pietas quibus aut custodia famae,

443 simul *Bailey* alligat ignis *def. Bailey coll. Apoll. Rhod. 3,531* 444 ipsa *vel* illa sopore colit *Ehlers* 447 Atracio *B-1498* : -co L 452 neque L^{ac1} 453 nullos M^2 *B-1474* : -us L 458 hanc placidis L^1 : ac plandis L 463 aversa *Gronov. (4, 21)* 470 fec- *B-1474* : fac- L

non pudor, at contra levis et festina cupido
adfatusque mali dulcisque labantibus error
et metus et demens alieni cura pericli.
'omne' ait 'imperium natorumque arma meorum
cuncta dedi. quascumque libet nunc concute mentes.'
Cingitur arcanis Saturnia laeta venenis
atque hinc virgineae venit ad penetralia sedis
Chalciopen imitata sono formaque sororem.
fulsit ab invita numen procul et pavor artus
protinus atque ingens Aeetida perculit horror.
'ergo nec ignotis Minyas huc fluctibus' inquit
'advenisse, soror, nec nostro sola parenti
scis socias iunxisse manus? at cetera muros
turba tenet fruiturque virum caelestibus armis.
tu thalamis ignava sedes, tu sola paterna
fixa domo, tales quando tibi cernere reges?'
illa nihil contra. nec enim dea passa manumque
implicat et rapidis mirantem passibus aufert.
ducitur infelix ad moenia summa futuri
nescia virgo mali et falsae commissa sorori,
lilia per vernos lucent velut alba colores
praecipue, quis vita brevis totusque parumper
floret honor, fuscis et iam Notus imminet alis.
hanc residens altis Hecate Perseia lucis
flebat et has imo referebat pectore voces:
'deseris heu nostrum nemus aequalesque catervas,
a misera, ut Graias haud sponte vageris ad urbes.
non invisa tamen neque te, mea cura, relinquam.
magna fugae monumenta dabis, spernere nec usquam

473 labantibus R *Sabellicus* : labent- L 474 alieni C : alienaque L 479 Chalci- *B-1498* : Calchi- L, Chachi- V 481 ae(a)etida L^1: aetida ω 487 *dist. Delz* 488 nec] neque *Courtney* 491 falsae Vat *B-1474* : -i ω 495 persia V 499 invisa M (*scil. mihi es*) : iniussa ω 500 usquam L^1 : squam L, usque V

mendaci captiva viro meque ille magistram
sentiet et raptu famulae doluisse pudendo.'
dixerat. ast illae murorum extrema capessunt
defixaeque virum lituumque fragoribus horrent,
quales instanti nimborum frigore maestae
succedunt ramis haerent⟨que⟩ pavore volucres.
  Iamque Getae iamque omnis Hiber Drangeaque densa
strage cadit legio et latis prosternitur arvis.
semineces duplicesque inter sua tela suosque
inter equos saevam misero luctamine versant
congeriem et longis campos singultibus implent.
victores patrium contra paeana Geloni
congeminant, eadem redeunt mox gaudia victis
qua deus et melior belli respexit imago.
  Quis tales obitus dederit, quis talia facta
dic age tuque feri reminiscere, Musa, furoris.
Absyrtus clipei radiis curruque coruscus
Solis avi (cuius vibrantem comminus hastam
cernere nec galeam gentes potuere minantem,
sed trepidae redeunt et verso vulnera tergo
accipiunt magnisque fugam clamoribus augent)
proterit impulsu gravis agmina corporaque atris
sternit equis gemitusque premit spirantis acervi.
nec levior comitatur Aron, horrentia cuius
discolor arma super squalentesque aere lacertos
barbarica chlamys ardet acu tremefactaque vento
implet equum, qualis roseis it Lucifer alis,
quem Venus inlustri gaudet producere caelo.
at non inde procul Rambelus et acer Otaxes

506 ⟨que⟩ *B-1474*   507 Drangeaque *Housm. ut v. 106 (Class. Papers 896)* : drantia- ω   511 ongis V^{pr}, gongis V^{ar} 513sq. Redeunt tandem sua g. v. quos deus . . imago *exhib.* f   516 feri C : veri ω   523 premiti V   spirantis *V-1523* : -tia ω   526 ardet *Pius* : arcet ω   527 qualis *F-1481* : -lem ω   it *B-1474* : ut ω   529 at *F-1503* : et ω

dispulerant Colchos pariterque inglorius Armis,
fraude nova stabula et furtis adsuetus inultis
depopulare greges frontem cum cornibus auxit
hispidus inque dei latuit terrore Lycaei;
hac tunc attonitos facie defixerat hostes.
quem simul ac nota formidine bella moventem
vidit Aron, 'pavidos te' inquit 'nunc rere magistros
et stolidum petiisse pecus? non pascua nec bos
hic tibi: nocturni mitte haec simulamina Panis
neve deum mihi finge. deus quoque consere dextram.'
sic ait intentaque adiutum missile planta
derigit et lapsis patuerunt vulnera villis.
nec minus Aeolii proles Aeetia Phrixi
fertur et ipsa furens ac se modo laeta Cytaeis
agminibus, modo cognatis ostentat Achivis.
atque hos in medio duri discrimine belli
laudibus inque ipsis gaudens ubi vidit Iason
'macte' ait 'o nostrum genus et iam certa propago
Aeoliae nec opina domus. sat magna laborum
dona fero, satis hoc visu quaecumque rependo.'
dixit et in Sueten magnique in fata Ceramni
emicuit clipeumque rotans hunc poplite caeso
deicit, illum aperit lato per pectus hiatu.
Argus utrumque ab equis ingenti porrigit arvo
et Zacorum et Phalcen, peditem pedes haurit Amastrin.
sanguinis ille globos effusaque viscera gestat
barbarus et cassa ⟨st⟩ridens sublabitur ira.
dat Calais Barisanta neci semperque propinquas

530 Colchos *F-1481* : -us ω 531 novare abula L^{ac1} 535 ac n. *Burman* : agn- ω 537 nec bos *F-1481* : nexos ω 538 nocturni . . simulamina *Heins.* : -nis . . simulacra ω 539 dextram *B-1498* : -a ω 548 sat *F-1503* : stat ω 553 arvo *F-1481* : auro ω 554 Phalcen *Mas.* : palchen ω haunit V Amastrin T^1 *B-1498* : -stri ω 556 ⟨st⟩ T^1

Riphea venali comitantem sanguine pugnas.
centum lecta boum bellator corpora, centum
pactus equos; his ille animam lucemque rependit
credulus; at tandem dulces iam cassus in auras
respicit ac nulla caelum reparabile gaza.
labitur intortos per tempora caerula crines
tunc quoque materna velatus harundine Peucon.
at genetrix imis pariter Maeotis ab antris
implevit plangore lacus natumque vocavit
iam non per ripas, iam non per curva volantem
stagna nec in medio truncantem marmore cervos.
Eurytus Exomatas agit aequore. Nestoris hastae
immoritur primaevus Helix nec reddita caro
nutrimenta patri, brevibus ereptus in annis.
at Latagum Zetemque Daraps, illum exigit hasta,
hic fugit, ingentem subiti cum sanguinis undam
vidit et extremo lucentia pectora ferro.

Ecce autem muris residens Medea paternis
singula dum magni lustrat certamina belli
atque hos ipsa procul densa in caligine reges
agnoscit quaeritque alios Iunone magistra,
conspicit Aesonium longe caput ac simul acres
huc oculos sensusque refert animumque faventem,
nunc quo se raperet, nunc quo diversus abiret
ante videns, quotque unus equos, quot funderet arma
errantesque viros quam densis sisteret hastis.

559 boum M^2 *B-1498* : bovum ω 559-562 *dist. Delz 162sq.* 560 equos R *B-1498* : -is ω 561 credulus; at *Delz 1* : crudelis ω 563 labitur M^2 *B-1474* : dabitur ω 565 negetrix V 567 iam^2] siam V 570 prima aevus V 571 brevibusque *Samuelsson Eranos 6, 1905-06, 98* 572 at latagum C : ablatacum ω 573 hic *Heins.* : hunc ω *quo retento* fugat *V-1523* sanguinis] guinis V undam M^2 *B-1498* : -da ω 579 Aesonium M^2 *B-1474* : aes omnium ω 581 nunc^1] hunc V 582 funderet *V-1523* : fuderat ω 583 errant- *Sabellicus* : orant- ω

quaque iterum tacito sparsit vaga lumina vultu
aut fratris quaerens aut pacti coniugis arma,
saevus ibi miserae solusque occurrit Iason.
tunc his germanam adgreditur ceu nescia dictis:
'quis precor hic toto iamdudum fervere campo
quem tueor quemque ipsa vides? nam te quoque tali
attonitam virtute reor.' contra aspera Iuno
reddit agens stimulis ac diris fraudibus urget.
'ipsum' ait 'Aesoniden cernis, soror, aequore tanto
debita cognati repetit qui vellera Phrixi
nec nunc laude prior generis nec sanguine quisquam.
aspicis ut Minyas inter proceresque Cytaeos
emicet effulgens quantisque insultet acervis?
et iam vela dabit, iam litora nostra relinquet
Thessaliae felicis opes dilectaque Phrixo
rura petens. eat atque utinam superetque labores!'
tantum effata magis campis intendere suadet
dum datur ardentesque viri percurrere pugnas,
ac simul hanc dictis, illum dea Marte secundo
impulit atque novas egit sub pectora vires.
ora sub excelso iamdudum vertice coni
saeva micant cursuque ardescit nec tibi, Perse,
nec tibi, virgo, iubae laetabile sidus Achivae,
acer ut autumni canis iratoque vocati
ab Iove fatales ad regna iniusta cometae.
nec sua Crethiden latuit dea vimque recentem
sentit agi membris ac se super agmina tollit,
quantus ubi ipse gelu magnoque incanuit imbre
Caucasus et summas abiit hibernus in Arctos.

594 prior R *B-1498* : praecor ω sanguine] nomine *Bailey* 597 relinquent V 598 felicis M^2 *B-1498* : felices ω dilectaque M^2 *F-1481* : de- ω 599 petens L^1 : potens ω 602 ac *Heins.* : at L, ad V 603 impulit *Sabellicus* : intulit ω 607 autumni Vat *B-1474* : -tumi ω 608 gregna V 610 tellit V

tunc vero, stabulis qualis leo saevit opimis
luxurians spargitque famem mutatque cruores,
sic neque parte ferox nec caede moratur in una
turbidus inque omnes pariter furit ac modo saevo
ense, modo infesta rarescunt cuspide pugnae.
tunc et terrificis undantem crinibus Hebrum
et Geticum Priona ferit, caput eripit Auchi
†bracchiaque† et vastis volvendum mittit harenis.
At genitus Iove complerat sua fata Colaxes
iamque pater maesto contristat sidera vultu
talibus aegra movens nequiquam pectora curis:
'ei mihi, si durae natum subducere sorti
moliar atque meis ausim confidere regnis,
frater adhuc Amyci maeret nece cunctaque divum
turba fremunt quorum nati cecidere cadentque.
quin habeat sua quemque dies cunctisque negabo
quae mihi.' supremos misero sic fatus honores
congerit atque animis moriturum ingentibus implet.
ille volat campis immensaque funera miscet
per cuneos, velut hiberno proruptus ab arcu
imber agens scopulos nemorumque operumque ruinas,
donec ab ingenti bacchatus vertice montis
frangitur inque novum paulatim deficit amnem.
talis in extremo proles Iovis emicat aevo
et nunc magnanimos Hypetaona Gessithoumque
nunc Arinen Olbumque rotat. iam saucius Aprem
et desertus equo Thydrum pedes excipit hasta

614 luxurias V 616 turb- L^1 : turp- ω furit L^1 : fuit ω 620 *6,60sqq. cont. Kramer* 625 moliar *ed. Argentoratensis 1525* : melior ω 633 imber agens R, *voluit iam B-1474* (Iber) : in vera gens ω 634 montis M^2 *B-1474* : -tes ω 636 Iovis L^1 : iovia ω 637 magnimos V Hypetaona L^1 : -taon ω 638 rotat *Balbus invito Sabellico* : notat ω Aprem] a patre L^{ac1} 639 excipit *Mas.* : excidit ω

Phasiaden, pecoris custos de more paterni
Caucasus ad primas genuit quem Phasidis undas.
hinc puero cognomen erat famulumque ferebant
Phasidis intonso nequiquam crine parentes.
iamque aliis instabat atrox cum diva supremas
rumpit iniqua colus victorque advenit Iason.
excipit hunc saeva sic fatus voce Colaxes:
'vos Scythiae saturare canes Scythiaeque volucres
huc miseri venis⟨tis⟩?' ait saxumque prehensum,
illius et dextrae gestamen et illius aevi,
concussa molitur humo, quod regia Iuno
flexit ad ignotum caput infletumque Monesi.
praeceps ille ruit. nato non depulit ictus
Iuppiter, Aesoniae vulnus fatale sed hastae
per clipeum, per pectus abit lapsoque cruentus
advolat Aesonides mortemque cadentis acerbat.
spargitur hinc miserisque venit iam notus Alanis.
At regina virum (neque enim deus amovet ignem)
persequitur lustrans oculisque ardentibus haeret.
et iam laeta minus praesentis imagine pugnae
castigatque metus et quas alit inscia curas
respiciens an vera soror nec credere falsos
audet atrox vultus eademque in gaudia rursus
labitur et saevae trahitur dulcedine flammae.
ac velut ante comas ac summa cacumina silvae
lenibus adludit flabris levis Auster, at illum
protinus immanem miserae ⟨sensere⟩ carinae,
talis ad extremos agitur Medea furores.
interdum blandae derepta monilia divae

643 parentes *Carrio* : -tis ω 646 fatus M^2 *B-1474* : fletus ω 648 ⟨tis⟩ M^2 *B-1474* 655 acerbat R *B-1498* : -vat ω 656 Alanis R *B-1498* : alantis V, alantro L 657 deus] *Hudson-Williams Mnem. 26, 1973, 27sq.* 662 atrox] adhuc *Delz sed cf. Burman ad loc.* -que *om.* V 663 saevae L^1 : -va ω 666 ⟨sensere⟩ M^2 *B-1498* 668 derepta *Vossius* : di- ω

contrectat miseroque aptat flagrantia collo,
quaque dedit teneros aurum furiale per artus,
deficit; ac sua virgo deae gestamina reddit
non gemmis, non illa levi turbata metallo,
sed facibus, sed mole dei, quem pectore toto
iam tenet. extremus roseo pudor errat in ore.
ac prior his: 'credisne patrem promissa daturum,
o soror, Argolicus cui dis melioribus hospes
contigit? aut belli quantum iam restat acerbi?
heu quibus ignota sese pro gente periclis
obicit!' haec fantem medio in sermone reliquit
incepti iam Iuno potens securaque fraudis.
imminet e celsis audentius improba muris
virgo nec ablatam sequitur quaeritve sororem.
at quotiens vis dura ducum densique repente
Aesoniden pressere viri cumque omnis in unum
imber iit, totiens saxis pulsatur et hastis.
primaque ad infesti Lexanoris horruit arcus,
alta sed Aesonium supra caput exit harundo
teque, Caice, petit. coniunx miseranda Caico
linquitur et primo domus imperfecta cubili.
   Regius Eois Myraces interpres ab oris
venerat ut Colchos procul atque Aeetia Parthis
foedera donato non inrita iungeret auro.
tum iuvenem terris Parcae tenuere Cytaeis
ac subiti Mavortis amor: simul armiger ibat
semivir impubemque gerens sterilemque iuventam.
ipse †pharetratis† residens ad frena tapetis

669 fragl- L   677 acerbi L^1 : -vi ω   678 gente M^2 *B-1474* : genere ω   681 audentius *F-1481* : audientibus ω   682 ablatam Vat *B-1474* : albatam ω   692 inrita M^2 *B-1474* : inriga ω   693 etenuere V   Cytaeis] scytheis V   695 semivir Vat *F-1481* : -viri ω   iuventam M^2 *B-1474* : -ta ω   696 cathedratis *dub. Ehlers coll. Mart. 10,13,1*   ad M^2 *B-1474* : a ω

nunc levis infesto procurrit in agmina curru,
nunc fuga conversas spargit mentita sagittas.
at viridem gemmis et eoae stamine silvae
subligat extrema patrium cervice tiaran
insignis manicis, insignis acinace dextro;
improba barbaricae procurrunt tegmina plantae.
nec latuere diu saevum spolia illa Syenen
perque levem et multo maculatam murice tigrin
concita cuspis abit. subitos ex ore cruores
saucia tigris hiat vitamque effundit erilem.
ipse puer fracto pronum caput implicat arcu.
sanguine tunc atro chlamys ignea, sanguine vultus
et gravidae maduere comae, quas flore Sabaeo
nutrierat liquidoque parens signaverat auro.
qualem siquis aquis et fertilis ubere terrae
educat ac ventis oleam felicibus implet
nec labor adsiduus nec spes sua fallit alentem
iamque videt primam tenero de vertice frondem,
cum subito immissis praeceps Aquilonia nimbis
venit hiems nigraque evulsam tendit harena:
haud secus ante urbem Myraces atque ipsius ante
virginis ora cadit. sed non magis illa movetur
unius aegra metu quam te, Meleagre, furentem,
quam Talaum videt aut pugnas miratur Acasti.
at satis hos ipsae gentes campique videbant
tempestate pari versis incumbere turmis.
ante oculos fuga foeda ducum largusque cadentum
it cruor et currus dominis ingentibus orbi.
Non tulit hos Perses gemitus clademque suorum
tergaque versa tuens his caelum questibus implet:

698 spagit V 703 neg V 706 hiat *B-1474* : ait ω : agit C 708 vultus M^2 *B-1474* : -tis ω 714 iamque videt *Carrio* : iam quidet ω 716 harem V 723 foeda *B-1474* : fera ω 724 it *B-1474* : et ω : est *Kramer* 725 -que *om.* V 726 his *F-1503* : hic ω

‘quid me iam patriis eiectum sedibus istas
ut struerem pugnas Scythiamque in bella moverem
vos superi, vos augurio lusistis inani?
quid fratris meritas tum, Iuppiter, omina poenas
promisere mihi? nobis Argoa parabas
scilicet auxilia et tantas coniungere vires.
saeva quidem lucis miseris mora, dent tamen oro
unum illum mihi fata diem, qui fallat Achivos
sic meritos quoque hunc videam virtute superbum
Aesoniden tantos flentem sine honore labores!’
dixerat haec pectusque suis everberat armis
et galeam fletu, galeam singultibus implet.
ibat et in medii praeceps incendia belli,
ni prior adversis Pallas vidisset ab armis
et secum: ‘ruit ecce ferox in funera Perses,
quem genitor Colchis solioque imponere fratris
iam statuit. nostra vereor ne fraude peremptum
increpet et culpam hanc magno terrore rependat.’
haec dicens atro nebulam diffundit amictu
striden⟨te⟩sque viri circum caput amovet hastas.
ille super socias clementi turbine gentes
erigitur paulum⟨que⟩ levi raptatus in aethra
iam tandem extremas pugnae defertur in oras,
forte ubi serus Hiber Issedoniaeque phalanges
Marte carent solisque iuvant clamoribus agmen.
Nox simul astriferas profert optabilis umbras
et cadit extemplo belli fragor aegraque muris

727 me M^{2} *B-1474* : ne ω 728 ut M^{2} *B-1474* : vi ω 729 lusistis *Heins.* : iussistis ω 730 tum] tua T omina T *F-1503* : omnia ω 734 qui *Wagner* : quo ω fallat C : -et L, fellet V 738 implet *B-1474* : -plent ω 739 ibat L^{1} : iba ω 742 impo- *Thilo* : itepo- ω, repo- L^{1} 746 ⟨te⟩ L^{1} hastas L^{1} : -os ω 748 ⟨que⟩ *B-1498* 750 Issed- *Thilo* : -is sid- ω 751 carent T *B-1498* : calent ω 753 extemplo *B-1474* : exemplo ω

digreditur longum virgo perpessa timorem.
ut fera Nyctelii paulum per sacra resistunt,
mox rapuere deum iamiam ⟨in⟩ quodcumque paratae
Thyiades, haud alio remeat Medea tumultu
atque inter Graiumque acies patriasque phalangas
semper inexpletis agnoscit Iasona curis
armaque quique cava superest de casside vultus.

754 perpassa ω, *corr.* L[1]   756 ⟨in⟩ R *V-1523*

C. VALERI FLACCI SETINI BALBI

ARGONAUTICON LIBER SEPTIMUS

Te quoque Thessalico iam serus ab hospite vesper
dividit et iam te tua gaudia, virgo, relinquunt
noxque ruit soli veniens non mitis amanti.
ergo ubi cunctatis extremo in limine plantis
contigit aegra toros et mens incensa tenebris,
vertere tunc varios per longa insomnia questus
nec pereat quo scire malo tandemque fateri
ausa sibi †paulum† medio sic fata dolore est:
'nunc ego quo casu vel quo sic per⟨vi⟩gil usque
ipsa volens errore trahor? non haec mihi certe
nox erat ante tuos, iuvenis fortissime, vultus,
quos ego cur iterum demens iterumque recordor
tam magno discreta mari? quid in hospite solo
mens mihi? cognati potius iam vellera Phrixi
accipiat, quae sola petit quaeque una laborum
causa viro. nam quando domos has ille reviset
aut meus Aesonias quando pater ibit ad urbes?
felices mediis qui se dare fluctibus ausi
nec tantas timuere vias talemque secuti
huc qui deinde virum; sed, sit quoque talis, abito.'

Inscr.: argonauticon lib VI expl incip lib VII L *antecedentibus abscisis,* GAI VALERI FLACCI SETINI LIBER SEXTUS EXPLICIT INCIPIT LIBER SEPTIMUS V

6 varios M[2] *B-1474* : -o ω 8 paulum] pavidum *Heins.*, causam *Wagner 1, 643* 9 ⟨vi⟩ L[1] 11 tuos M[2] *B-1474* : vos ω 13 magno M[2] *B-1474* : -a ω 16 reviset M[2] *B-1474* : -it ω 20 huc *Schenkl* : hunc ω sit *Courtney 3* : sic ω

tum iactata toro ⟨to⟩tumque experta cubile
ecce videt tenui candescere limen Eoo.
nec minus insomnem lux orta refecit amantem
quam cum languentes ⟨levis⟩ erigit imber aristas
grataque iam fessis descendunt flamina remis.
  At sua longarum Minyas iam cura viarum
admonet inque ipso nequiquam tempore regem
laetitiae meritique petunt. quem passus Iason
vota prius captasque deis accendere praedas
prominet atque oculos longe tenet, aurea si iam
pellis et oblatis clarescant atria villis.
ille autem iamiam vultus vocesque parantem
ante capit rumpitque moras inque ipsa morantis
prosilit ora viri talique effunditur ira:
'orbe satos alio, sua litora regnaque habentes,
quis furor has mediis tot fluctibus egit in oras
quisve mei vos tantus amor? tu prima malorum
causa mihi, tu, Phrixe gener! non te aequore mersum
quo sor⟨or⟩, ut felix nullos nunc nomine Graios
nossem ego! quis regum Pelias, quis Thessalus aut quae
Graecia? quodnam hominum Minyae genus aut ubi cautes
Cyaneae? venit Scythicas en hospes in oras.
quinquaginta Asiam (pudet heu) penetrarit Iason
exulibus meque ante alios sic spreverit una,
una ratis, spolium ut vivo de rege reportet?
ipsum offerre meos, ipsum ⟨iam⟩ pandere lucos
imperet et nullo dignetur vincere bello?
cur age non templis sacrata avellere dona
omnibus atque ipsas gremiis abducere natas,

21 ⟨to⟩ A 22 Eoo M[1] : eaeo ω 24 ⟨levis⟩ C erigit V : erit L, erexit L[1] 28 laet- D : lat- ω meriti- *B-1474* : mentiri- ω 30 si iam D : siam ω 32 iamiam *F-1481* : nam iam ω 33 capit *Heins.* : aperit ω 39 ⟨or⟩ Vat *B-1474* 41 quodn- *B-1498* : quond- ω Minyae *Heins.* : cerno ω 46 ⟨iam⟩ *Sudhaus*

praedo, libet? vobisne domos, vobisne parentes
esse putem, ratis infandis quos sola rapinis
saevaque pascit hiems et quos, credamus ut ipsis,
rex suus inlisit pelago vetuitque reverti,
scilicet Aeoliae pecudis poteretur ut auro?
ante meus caesa descendet Caucasus umbra
ac prior Haemonias repetet super aequora praedas,
ante ego cum vittis cernam feralibus Hellen.
si tamen his aliter perstas non cedere terris
teque pudor cassi reditus movet ac latet una
nescioquid plus puppe viris, haud ipse morabor
quae petitis; modo nostra prior tu perfice iussa.
Martius ante urbem longis iacet horridus annis
campus et ardentes ac me quoque vomere presso,
me quoque cunctantes interdum agnoscere tauri.
his magis atque magis rabiem nunc nostra senectus
luxuriemque dedit solitoque superbior ignis
ore fremit. succede meae, fortissime, laudi
et nostros recole, hospes, agros! nec semina derunt,
quae prius ipse dabam, et messes, quas solus obibam.
consiliis nox una satis tecumque retracta
cumque tuis haec iussa deis, ac siquid in isto est
robore praedicti venies in rura laboris.
ipse incertus adhuc tenebris te protinus illis
involvi flammisque velim, durare parumper
an magis, everso iacias dum semina campo,
ac tibi Cadmei dum dentibus exeat hydri
miles et armata florescant pube novales.'

50 penates *Burman* 54 potiretur L 57sq. *dist. Ehlers* ante . . cernam *Ehlers* : aut . . statui ω hillen V 58–61 *expl. Bailey* 59 movera clatet V 60 haud *B-1474* : aut ω 72 venies *B-1498* : veniens ω iura He, *Courtney* 74 velum V 75 iacias *B-1474* : iaceas ω 76 ac Vat *F-1481* : hac ω Cadmei L[1] : admei ω dentibus *Heins.* : seminis ω

Filia prima trucis vocem mirata tyranni
haesit et ad iuvenem pallentia rettulit ora
contremuitque metu ⟨ne⟩ nescius audeat hospes
seque miser ne posse putet. perstrinxerat horror
ipsum etiam et maesta stabat defixus in ira.
non ita Tyrrhenus stupet Ionius⟨que⟩ magis⟨ter⟩
qui iam te, Tiberine, tuens clarumque serena
arce pharon praeceps subito nusquam ostia, nusquam
Ausoniam videt et saevas accedere Syrtes.
tum tamen infando quae det responsa tyranno
colligit et tandem obtutu consurgit ab alto.
'non' ait 'hos reditus, non hanc, Aeeta, dedisti
spem Minyis cum prima tuis pro moenibus arma
induimus. quo versa fides? quos vestra volutant
iussa dolos? alium hic Pelian, alia aequora cerno.
quin agite [et] hoc omnes odiisque urgete tyranni
imperiisque caput: numquam mihi dextera nec spes
defuerit. mos iussa pati nec cedere duris.
unum oro, seu me illa suis seges obruet hastis
hauriet adverso seu crastinus ignis hiatu,
nuntius hinc saevas Peliae mittatur ad aures
hic periisse viros et me, si vestra fuisset
ulla fides, reducem patriae potuisse referri.'
Talibus attonitos dictis natamque patremque
linquit et infida praeceps prorumpit ab aula.
at trepida et medios inter deserta parentes
virgo silet nec fixa solo servare parumper
lumina nec potuit maestos non flectere vultus
respexitque fores et adhuc invenit euntem.

80 ⟨ne⟩ *B-1474* 83 ⟨que⟩, ⟨ter⟩ M^{c} *V-1523* 84 Tiberine C, tuens *B-1474* : liberi netues (metues L) ω 86 videt *B-1474* : -es ω 89 Ae(a)eta *F-1481* : aeta ω 91 quos vestra L^{1} : quo vesta ω volunta* V 93 [et] M^{2} *B-1474* 94 numquam *Columbus* : quamquam ω 102 infida M^{2} *B-1474* : -di ω

visus et heu miserae tunc pulchrior hospes amanti
discedens; tales umeros, ea terga relinquit.
illa domum atque ipsos paulum procedere postes
optat, at ardentes tenet intra limina gressus.
qualis ubi extremas Io vaga sentit harenas
fertque refertque pedem, tumido quam cogit Erinys
ire mari Phariaeque vocant trans aequora matres,
circuit haud aliter foribusque impendet apertis
an melior Minyas revocet pater, oraque quaerens
hospitis aut solo maeret defecta cubili
aut venit in carae gremium refugitque sororis
atque loqui conata silet rursusque recedens
quaerit, ut Aeaeis hospes consederit oris
Phrixus, ut aligeri Circen rapuere dracones.
tum comitum visu fruitur miseranda suarum
implerique nequit subitoque parentibus haeret
blandior et patriae circumfert oscula dextrae.
sic adsueta toris et mensae dulcis erili
aegra nova iam peste canis rabieque futura
ante fugam totos lustrat queribunda penates.
tandem etiam molli semet sic increpat ira:
'pergis,' ait 'demens, teque illius angit imago
curaque, qui profuga forsan tenet alta carina
quique meum patrias referet nec nomen ad urbes?
quid me autem sic ille movet, superetne labores
an cadat et tanto turbetur Graecia luctu?
saltem, fata virum si iam suprema ferebant,

110 at *Burman* : et ω   112 refertque L : referque L^1V (ω)   113 Pha- *B-1474* : pa- ω   115 quaerens L^1 : -res ω   122 implerique M^c (explerique *B-1474*) : -ritque ω   125 rabieque *B-1474* : rapique ω   127 semet sic *Lemaire* : semels V : semel L, semel sese L^1 129 qui *F-1481* : cui ω   profugat V   130 nec L^1 : inec ω   131 superetne L^1 : -enne ω   132 an cadat L^1 : hancadat ω

iussus ad ignotos potius foret ire tyrannos
o utinam et tandem non hac moreretur in urbe!
namque et sidereo nostri de sanguine Phrixi
dicitur et caram vidi indoluisse sororem
seque ait has iussis actum miser ire per undas.
at redeat quocumque modo meque ista precari
nesciat atque meum non oderit ille parentem.'
dixerat haec stratoque graves proiecerat artus,
si veniat miserata quies, cum saevior ipse
turbat agitque sopor; supplex hinc sternitur hospes,
hinc pater. illa nova rumpit formidine somnos
erigiturque toro. famulas carosque penates
agnoscit, modo Thessalicas raptata per urbes:
turbidus ut poenis caecisque pavoribus ensem
corripit et saevae ferit agmina matris Orestes;
ipsum angues, ipsum horrisoni quatit ira flagelli
atque iterum infestae se fervere caede Lacaenae
credit agens falsaque redit de strage dearum
fessus et in miserae conlabitur ora sororis.
His ubi nequiquam nutantem Colchida curis
Iuno videt necdum extremo parere furori
non iam mentitae vultum vocemque resumit
Chalciopes. quando ardor hebet leviorque pudori
mensque obnixa malo, tenues sublimis in auras
tollitur et fulvo Venerem vestigat Olympo.
'sum memor ut †tecum† mecum partita laborem.
illa nimis sed dura manet conversaque in iram
et furias dolet ac me nunc decepta reliquit.

135 et] ut *Schenkl* 138 miserere L undas *F-1503* : umbras ω 139 at *B-1498* : aut ω 141 artus M^2 *B-1474* : arcus ω 142 quisae V 143 hinc *B-1474* : hic ω 144 illa *B-1474* : ille ω 147 caesisque V 149 horrisoni L^1 : -son ω 151 avens *Baehrens* 156 hebet Vat *B-1498* : habet ω *i. e. parum pudori resistit* 161 deiecta *Delz*, me nunc et coepta *Bailey*

i precor atque istum quo me frustratur amorem
vince †precor† patriis ut tandem evadere tectis
audeat atque meum casu defendere ab omni
Aesoniden. quis illa sacris, quo freta veneno!
illum etiam totis adstantem noctibus anguem,
qui nemus omne suum quique aurea (respice porro)
vellera tot spiris circum, tot ductibus implet,
fallat et in somnos ingenti solvat ab orno.
haec tibi nunc, Furiis atque ipsi cetera mando.'
Tum Venus aligerum mater sic fatur Amorum:
'nec tibi cum primos adgressa es flectere sensus
virginis ignotaque animum contingere cura
defuimus, data continuo ⟨quin⟩ cingula soli
nostra tibi, quis mota loco labefactaque cessit.
haud satis est, sed me ipsa opus et cunctantia poscunt
pectora me dubiusque pudor. iam foedera faxo
Aesonii petat ipsa viri metuatque morari.
tu fac luciferae citus ad delubra Dianae
deveniat, sacras solita est ubi fundere taedas
Colchis et aequali dominam lustrare caterva.
nec te nunc Hecates subeat metus aut mea forte
impediat ne coepta time. quin audeat opto:
continuo transibit amor cantuque trilingui
ipsam flammiferos cogam compescere tauros
amplexumque pati.' volucrem tunc aspicit Irin
festinamque iubet monitis parere Diones
et iuvenem Aesonium praedicto sistere luco.

163 soror *Ehlers* 165 *dist. Bailey* sacris *B-1498* : -cro ω 169 fallat *Loehbach 2* : solvat ω 170 nunc Bon *Carrio* : non ω 171 aligerum . . fatur L^1 : alierum . . futur ω amorem L^1 174 ⟨quin⟩ *Heins.* 178 Aesonii L^1 : -ni ω 179 fac *Courtney 3* : face ω 180 aedas V 183 ne coepta time *Heins.* : nec aetati me ω 185sq. *dist. B-1498* 186 amplexumque pati *B-1498* : amplexuque petit ω 187 festinamque C : -ansque ω

protinus hinc Iris Minyas, Cytherea petivit
Colchida, Caucaseis speculatrix Iuno resedit
rupibus attonitos Aeaea in moenia vultus
speque metuque tenens et adhuc ignara futuri.
Vix primas occulta Venus prospexerat arces,
virginis ecce novus mentem perstringere languor
incipit, ingeminant commotis questibus aestus.
ergo iterum sensus varios super hospite volvens
maeret et absenti nequiquam talia fatur:
'si tibi Thessalicis, nunc si tua forte venenis
mater et heu siqua est posset succurrere coniunx!
quidne tuos virgo possim nisi flere labores?
hoc satis ipse †etiam spectare supremos†
ei mihi, ne casus etiam spectare supremos
atque iterum durae cogar comes ire sorori!
et nunc ille sua non quemquam sorte moveri,
non ullum meminisse putat cumque omnibus odit
me quoque. siquando fuerit tamen ulla potestas
illum ego qui diris cinis ultimus haeserit arvis
ossaque quis tauri saevusque pepercerit ignis
componam sedem⟨que⟩ dabo. fas tunc mihi manes
dilexisse viri tumuloque has reddere curas.'
Dixerat. ecce toro Venus improvisa resedit,
sicut erat mutata deam mentitaque pictis
vestibus et magica Circen Titanida virga.
illa, velut lenti fallatur imagine somni,
sic oculos incerta tenet magnique sororem
paulatim putat esse patris. tum flebile gaudens
prosiluit saevaeque ultro tulit oscula divae
ac prior: 'o tandem, vix tandem reddita Circe
dura tuis, quae te biiugis serpentibus egit

190 speculatrix L^1 : speluncatrix ω 200 -ne *Balbus* : -ve ω 203 sorte *B-1474* : forte ω 207 tauri *F-1481* : -ris ω 208 ⟨que⟩ L^1 213 illa *Schenkl* : ipsa ω 214 sic R *V-1523* : hic ω

hinc fuga quaeve fuit patriis mora gratior oris?
ante et Thessalicae Phasin petiere carinae
perque tot infelix frustra vada venit Iason
quam patriae te movit amor.' tum cetera rumpit
occurritque Venus: 'tu nunc mihi causa viarum
sola, tuae venio iam pridem ignava iuventae.
cetera parce queri neu me meliora secutam
argue; quippe etiam reputentur munera divum.
omnibus hunc potius communem animantibus orbem
communes et crede deos. patriam inde vocato
qua redit itque dies, nec nos, o nata, malignus
clauserit hoc uno semper sub frigore mensis.
fas mihi non habiles, fas et tibi linquere Colchos.
et nunc Ausonii coniunx ego regia Pici
nec mihi flammiferis horrent ibi pascua tauris
meque vides Tusci dominam maris: at tibi quinam
Sauromatae, miseranda, proci? cui vadis Hibero,
ei mihi, vel saevo coniunx non una Gelono?'
  Illa deae contra iamdudum spernere voces.
'non ita me immemorem magnae Perseidos,' inquit
'cernis ut infelix thalamos ego cogar in illos.
i precor atque illum pro me dimitte timorem.
sed magis his miseram, quando potes, eripe curis
unde metus aestusque mihi quaeque aspera, mater,
perpetior dubiae iamdudum incendia mentis.
nulla quies animo, nullus sopor, arida †menti†.
quaere malis nostris requiem mentemque repone,

219 grat- *B-1474* : grav- ω onis V 226 reput- *Heins.* : repet- ω *def. Leo 971* 227 cunctis communem - dies (*v. 229*) *exhib.* f 229 redit itque f M^2 *Pius* : rediitque ω malignus *B-1498* : -is ω 233 ibi M^2 *B-1474* : tibi ω 240 i Vat *B-1474* : ii ω illum *Loehbach 2* : unum ω me dimitte L^1 : medium itte ω 242 est usque ω, *corr. Amoenus* 243 dubiae *Burman* : durae ω 244 *e. g.* mens est *B-1498*, membra *Thilo* 245 reponem V

redde diem noctemque mihi, da prendere vestes
somniferas ipsaque oculos componere virga.
tu quoque nil, mater, prodes mihi; fortior ante
sola fui. tristes thalamos infestaque cerno
omnia, vipereos ipsi tibi surgere crines.'
talia verba dabat conlapsaque flebat iniquae
in Veneris Medea sinus pestemque latentem
ossibus atque imi monstrabat pectoris ignem.
  Occupat amplexu Venus et furialia figit
oscula permixtumque odiis inspirat amorem
dumque illam variis maerentem vocibus ambit
inque alio sermone tenet 'quin hoc' ait 'audi
atque attolle genas.' lacrimisque haec infit obortis:
'cum levis a superis ad te modo laberer auris
forte ratem primo fulgentem litore cerno
qualem nostra suo numquam dimittere portu
vellet adhuc omnes quae detinet insula nautas.
unus ibi ante alios qui tum mihi pulchrior omnes
visus erat, longeque ducem mirabar et ipsa,
advolat atque unam comitum ratus esse tuarum
"per tibi siquis," ait "morituri protinus horror
et quem non meritis videas occurrere monstris,
haec precor, haec dominae referas ad virginis aurem.
tu fletus ostende meos. illi has ego voces,
qua datur, hasque manus, ut possum, a litore tendo.
ipsae quas mecum per mille pericula traxi
defecere deae. spes et via sola salutis
quam dederit, si forte dabit. ne vota repellat,
ne mea totque animas, quales nec viderit ultra,
dic precor auxilio iuvet atque haec nomina servet.

253 imi M[2] *B-1474* : ibi ω   254 fugit V   257 quin L[1] : qui in ω   259 a sup-] asp- V   260 fulgentem *Heins.* : fugientem ω   261 portu M[2]A : -to ω   262 detinet L[1] : -ent ω   267 quem] quidem V   occurre V   269 fletur V   274 videni V   275 iuvet M[2] *B-1474* : -bet ω   seret V

ei mihi quod nullas hic possum exsolvere grates! 284
at tamen hoc saeva corpus de morte receptum, 285
hanc animam sciat esse suam! miserebitur ergo?
dic" ait "an potius -?" strictumque ruebat in ensem.
promisi (ne falle precor) cumque ipsa moverer
adloquio casuque viri te passa rogari
sum potius: tu laude nova, tu supplice digno 290
dignior es et fama meis iam parta venenis. 291
si Pelopis duros prior Hippodamia labores 276
expediit totque ora simul vulgata procorum
respiciens tandem patrios exhorruit axes,
si dedit ipsa neci fratrem Minoia virgo,
cur non hospitibus fas sit succurrere dignis 280
te quoque et Aeaeos iubeas mitescere campos?
occidat aeterna tandem Cadmeia morte
iam seges et viso fumantes hospite tauri!' 283
  Torserat illa gravi iamdudum lumina vultu 292
vix animos dextramque tenens quin ipsa loquentis
iret in ora deae; tanta pudor aestuat ira. 294
iamque toro trepidas infelix obruit aures 296
verba cavens; horror molles invaserat annos. 295
nec quo ferre fugam nec quo se vertere posset 297
prensa videt. rupta condi tellure premique
iamdudum cupit ac diras evadere voces.
illa sequi iubet et portis exspectat in ipsis 300
saevus Echionia ceu Penthea Bacchus in aula
deserit infectis per roscida cornua vittis,
cum tenet ille deum pudibundaque tegmina matris

285 at *F-1503* : ut ω   286-288 *Veneris verba ad Medeam incitandam apta, ceterum insulsissima*   288 promissi L   fraecor V   290 digno] tali *Bailey*   291 et] sat *Heins.*   meis iam *B-1474* : me istam ω   276-283 *post* 291 *Thilo*   278 patrios L[1] : -io ω   281 Aeaeos Marc *B-1474* : eaeeos ω   iubeas *B-1498* : subeas ω   295 *post* 296 *Meyncke 1, 50*   296 tor drep- V   302 infectis *susp.*   303 matris *Heins.* : patris ω

tympanaque et mollem subito miser accipit hastam.
haud aliter deserta pavet perque omnia circum
fert oculos tectisque negat procedere virgo.
contra saevus amor, contra periturus Iason
urget et auditae crescunt in pectore voces.
heu quid agat? videt externo se prodere patrem
dura viro, famam scelerum iamque ipsa suorum
prospicit et questu superos questuque fatigat
Tartara. pulsat humum manibusque immurmurat uncis
noctis eram Ditemque ciens, succurrere tandem
morte velint ipsumque simul demittere leto
quem propter furit. absentem saevissima poscit
nunc Pelian, tanta iuvenem qui perderet ira:
saepe suas misero promittere destinat artes,
denegat atque una potius decernit †in ira†
ac neque tam turpi cessuram semet amori
proclamat neque opem ignoto viresque daturam
atque toro proiecta manet, cum visa vocari
rursus et impulso sonuerunt cardine postes.
Ergo ubi nescioquo penitus se numine vinci
sentit et abscisum quicquid pudor ante monebat,
tum thalami penetrale petit quae maxima norat
auxilia Haemoniae quaerens pro rege carinae.
utque procul magicis spirantia tecta venenis
et saevae patuere fores oblataque contra
omnia quae ponto, quae manibus eruit imis
et quae sanguineo lunae destrinxit ab ore
'tune sequeris' ait 'quidquam aut patiere pudendum

308 implet ore V 314 dem- *B-1498* : dim- ω 318 dein negat *D'Orville (7, 3); sed* saepe ἀπὸ κοινοῦ *positum* in hora *Heins.* 319 neque tam *B-1498* : nequeat ω semet *Heins.* : semper ω 322–359 *folio amisso post v. 360 olim* V 323 vinci M^2 *B-1474* : -it L 328 obl- *B-1498* : abl- L 330 sanguineo . . ore *Heins.* : sanguineam (-a L^1) . . ira L lunae *B-1498* : -am L destr- *Burman* : distr- L

cum tibi tot mortes scelerisque brevissima tanti
effugia?' haec dicens qua non velocior ulla
pestis erat toto nequiquam lumine lustrat
cunctaturque super morituraque colligit iras.
o nimium iucunda dies, quam cara sub ipsa
morte magis! stetit ⟨et⟩ sese mirata furentem est.
'occidis heu; primo potes hoc durare sub aevo?
nec tu lucis' ait 'nec videris ulla iuventae
gaudia, non dulces fratris pubescere malas?
hunc quoque, quicumque est, crudelis, Iasona nescis
morte perire tua, qui te nunc invocat unam,
qui rogat et nostro quem primum in litore vidi?
cur tibi fallaces placuit coniungere dextras
tunc, pater, atque istis iuvenem non perdere monstris
protinus? ipsa etiam, fateor, tunc ipsa volebam.
testor cara tuas Circe Titania voces,
te ducente sequor, tua me, grandaeva, fatigant
consilia et monitis cedo minor.' haec ubi fata
rursus ad Haemonii iuvenis curamque metumque
vertitur, hunc solum propter seu vivere gaudens
sive mori, quodcumque velit. maiora precatur
carmina, maiores Hecaten immittere vires
nunc sibi, nec notis stabat contenta venenis.
cingitur inde sinus et, qua sibi fida magis vis
nulla, Prometheae florem de sanguine fibrae
Caucaseum promit nutritaque gramina monti,
quae sacer ille nives inter tristesque pruinas

333 velocior *Burman* : -ius L 334 pestis erat *D'Orville (7, 3)* : pestiferam L 336 omnium L^{ac1} 337 ⟨et⟩ *B-1474* 338 -dis heu *B-1474* : -di seu L 341 -cumque *Koch Coni. in poet. Lat. II, Frankf. 1865* : nunc L 342–344 *aliter accepit Leo 971sq.* 343 prima *Heins.* 345 pater atque *B-1498* : poteratque L 347 cara *B-1474* : cura L 351 seu *Heins.* : se L 354 notis M^2 *B-1474* : noctis L 357 monti *Delz coll. Sen. Med. 707sq.* : ponti L

durat alitque cruor cum viscere vultur adeso
tollitur e scopulis et rostro inrorat aperto.
idem nec longi languescit finibus aevi
immortale virens, idem stat fulmina contra
salvus et in mediis florescunt ignibus herbae.
prima Hecate Stygiis duratam fontibus harpen
intulit et validas scopulis effodit aristas,
mox famulae monstrata seges, quae lampade Phoebes
sub decima iuga feta metit saevitque per omnes
reliquias saniemque dei. gemit inritus ille
Colchidos ora tuens. totos tunc contrahit artus
†monte† dolor cunctaeque tremunt sub falce catenae.
Talibus infelix contra sua regna venenis
induitur noctique tremens infertur opacae.
dat dextram blandisque †pavens vocem Venus osquam†
adloquiis iunctoque trahit per moenia passu.
qualis adhuc teneros ubi primum pallida fetus
mater ab excelso produxit in aera nido
hortaturque sequi brevibusque insurgere pinnis;
illos caerulei primus ferit horror Olympi
iamque redire rogant adsuetaque quaeritur arbor.
haud aliter caecae per moenia deficit urbis
incedens horret⟨que⟩ domos Medea silentes
hic iterum extremae nequiquam in limine portae
substitit atque iterum fletus animique soluti
respexitque deam paulumque his vocibus haesit:

359 alitque *Bulaeus in ed. Lips. 1630* : edique L 363 salvus *Baehrens* : sangus ω 369 tunc L^1 : tune ω 370 sponte *Courtney* 372 intuitur V 373 *haud sanandus* blandisque C : -dique ω osquam est V vocemque Venus blandisque paventem C, movet Cytherea paventem *vel* favet . . paventi *Ehlers* 375 ubi primum *Heins.* : supremum ω 377 sequi *B-1474* : saevi ω 379 rediri V rog- *B-1474* : cog- ω 380 caecae *B-1474* : caeoae ω 381 ⟨que⟩ M^2 *B-1474* 382 limine Marc *B-1474* : lum- ω

'ipse rogat certe meque ipse implorat Iason?
nullane culpa subest, labes non ulla pudoris,
nullus amor? nec turpe viro servire precanti?'
illa nihil contra vocesque abrumpit inanes.
et iamiam magico per opaca silentia Colchis
coeperat ire sono montanaque condere vultus
numina cumque suis averti fontibus amnes.
iam stabulis gregibusque pavor strepitusque sepulchris
inciderat, stupet ipsa gravi nox tardior umbra.
iamque tremens longe sequitur Venus. utque sub altas
pervenere trabes divaeque triformis in umbram
hic subito ante oculos nondum speratus Iason
emicuit viditque prior conterrita virgo.
atque hinc se profugam volucri Thaumantias ala
sustulit, inde Venus dextrae dilapsa tenenti.
obvius ut sera cum se sub nocte magistris
impingit pecorique pavor qualesve profundum
per chaos occurrunt caecae sine vocibus umbrae,
haud secus in mediis noctis nemoris⟨que⟩ tenebris
inciderant ambo attoniti iuxtaque subibant
abietibus tacitis aut immotis cyparissis
adsimiles, rapidus nondum quas miscuit Auster.
   Ergo ut erat vultu defixus uterque silenti
noxque suum peragebat iter, iamiam ora levare
Aesoniden farique cupit Medea priorem.
quam simul effusis pavitantem fletibus heros
flagrantesque genas vidit miserumque pudorem,
has tandem voces dedit et solatus amantem [est]

388 abr- Marc *B-1498* : adr- ω   390 montanaque *D'Orville (1,1)* : monstrataque ω   391 fontibus *Markland ap. Courtney 1, Delz coll. 1,692. 5,372* : collibus ω   392 sepubenis V   394 iamque *F-1481* : namque ω   altas M^2 *B-1474* : -latas ω   398 hinc *B-1498* : hic ω   -tias ala *B-1474* : -tia salis (solis L) ω   399 dil- *B-1474* : del- ω   403 ⟨que⟩ L^1 412 [est] *Ehlers*

'fersne aliquam spem lucis?' ait. 'miserata laborem
nempe venis? an et ipsa mea laetabere morte?
ne precor infando similem te, virgo, parenti
gesseris. haud tales decet inclementia vultus.
hascine nunc grates, haec exspectata laborum
dona dari decuit? sic te sub teste remitti
fas mihi, virgo, †tuum†? iustas da vocibus aures.
nec pater ille tuus tantis me opponere monstris
(quid meritum?) aut tales voluit ⟨ex⟩pendere poenas.
an iacet externa quod nunc mihi cuspide Canthus
quodque meus vestris cecidit pro moenibus Iphis
aut Scythiae tanta inde manus? iussisset abire
perfidus atque suis extemplo cedere regnis.
spem mihi promissam per quae discrimina rursus
et reddat qua lege vides. occumbere tandem
possumus idque sedet quam non quaecumque subire
patris iussa tui. numquam sine vellere abibo
hinc ego, degenerem nec tu me prima videbis.'
   Haec ait. illa tremens, ut supplicis aspicit ora
conticuisse viri iamque et sua verba reposci,
nec quibus incipiat demens videt ordine nec quo
quove tenus, prima cupiens effundere voce
omnia, sed nec prima pudor dat verba timenti.
haeret et attollens vix tandem lumina fatur:
'quid, precor, in nostras venisti, Thessale, terras?
unde mei spes ulla tibi tantosque petisti
cur non ipse tua fretus virtute labores?
nempe ego si patriis timuissem excedere tectis
occideras, nempe hanc animam cras saeva manebant

413 laborem *B-1474* : -rum ω 416 Haud equidem pulchros decet inclementia vultus *exhib.* f haud f *B-1474* : aut ω 420 nec] dic *Kramer* ille] ante *Burman* 421 ⟨ex⟩ L^1 422 cusp- L^1 : cup- ω 425 exemplo V 435 nec – timenti *exhib.* f 441sq. cras .. manebant funera *Leo 961* : pars .. manebat funeris ω

funera. Iuno ubi nunc, ubi nunc Tritonia virgo,
sola tibi quoniam tantis in casibus adsum
externae regina domus? miraris et ipse,
credo, nec agnoscunt hae nunc Aeetida silvae.
sed fatis sum victa tuis. cape munera supplex
non mea teque iterum Pelias si perdere quaeret
inque alios casus, alias ⟨si⟩ mittet ad urbes,
heu formae ne crede tuae!' Titania iamque
gramina Persaeasque sinu depromere vires
coeperat. his iterum compellat Iasona dictis:
'si tamen aut superis aliquam spem ponis ⟨in istis⟩
aut tua praesenti virtus [te] educere leto
si te forte potest, etiam nunc deprecor, hospes,
me sine et insontem misero dimitte parenti.'
dixerat. extemplo (neque enim ⟨im⟩matura ruebant
sidera et extremum suspexerat axe Booten)
cum gemitu et multo iuveni medicamina fletu
non secus ac patriam pariter famamque decusque
obicit. ille manu subit et vim corripit omnem.

Inde ubi facta nocens et non revocabilis umquam
cessit ab ore pudor propiorque implevit Erinys,
carmina nunc totos volvit figitque per artus
Aesonidae et totum septeno murmure fertur
per clipeum atque viro graviorem reddidit hastam
iamque sui tauris languent absentibus ignes.
'nunc age et has' inquit 'cristas galeamque resume
quam modo funerea tenuit Discordia dextra.
hanc iace per medias, cum verteris aequora, messes.

444 ipse *B-1474* : -a ω 448 ⟨si⟩ *Heins.*, ⟨-que im-⟩ L^1 451 hisque *Langen* 452 ⟨in istis⟩ *Thilo* 453 praes- *B-1474* : pers- ω [te] *F-1503* 455 dim- *B-1474* : dem- ω 456 ⟨im⟩ *Courtney 2* 457 suspexerat *Courtney 2* : suffecerat ω 460 hominem V 463 tunc *Damsté Mnem. 49, 1921, 400* volvit *Vossius coll. 3,408* : solvit ω 466 *del. Jachmann Rh. Mus. 84, 1935, 234, 2* 468 funera V

protinus in sese conversa furoribus ibit
cuncta phalanx atque ipse fremens mirabitur et me
respiciet fortasse pater.' sic deinde locuta
iam magis atque magis mentem super alta ferebat
aequora, pandentes Minyas iam vela videbat
se sine. tum vero extremo percussa dolore
arripit Aesoniden dextra ac summissa profatur:
'sis memor, oro, mei, contra memor ipsa manebo,
crede, tui. quantum hinc aberis, dic quaeso, profundi?
quod caeli spectabo latus? sed te quoque tangat
cura mei quocumque loco, quoscumque per annos
atque hunc te meminisse velis et nostra fateri
munera, servatum pudeat nec virginis arte.
ei mihi, cur nulli stringunt tua lumina fletus?
an me mox merita morituram patris ab ira
dissimulas? te regna tuae felicia gentis,
te coniunx natique manent; ego prodita abibo
nec queror et pro te lucem quoque laeta relinquam.'
protinus hospes ad haec (tacitis nam cantibus illum
flexerat et simili iamdudum adflarat amore)
'tune' ait 'Aesoniden quicquam te velle relicta
credis et ulla peti sine te loca? redde tyranno
me potius, recipe ingratos atque exue cantus!
quis mihi lucis amor? patriam cur amplius optem
si non et genitor te primam amplectitur Aeson
teque tuo longe fulgentem vellere gaudens
spectat et ad primos procumbit Graecia fluctus?
respice ad has voces et iam, precor, adnue, coniunx.
per te, quae superis divisque potentior imis,

473 ferebat M : fure- ω 480 quocumque M^2 *B-1474* : quodc- ω 482 munerat V 483 nulli *Heins.* : -os ω 485 dissimilis V 486 natique T^2 *Ott* : -aeque ω 489 adflarat *Pius* : -bat (adfle- V) ω 490 tune C : tunc ω 491' pati *Gronov. (4, 21)* 493 lucis M^2 *B-1474* : locis ω 496 gratia V 498 quae *B-1498* : qui ω

perque haec, virgo, tuo redeuntia sidera nutu
atque per has nostri iuro discriminis horas:
umquam ego si meriti s⟨im⟩ noctis ⟨et⟩ immemor huius,
si te sceptra, domum, si te liquisse parentes
senseris et me iam non haec promissa tuentem,
tum me non tauros iuvet evasisse ferosque
terrigenas, tum me tectis tua turbet in ipsis
flamma tuaeque artes. nullus succurrere contra
ingrato queat et siquid tu saevius istis
adicias meque in medio terrore relinquas.'
audiit atque simul meritis periuria poenis
despondet questus semper Furor ultus amantis.
   Haec ubi dicta, tamen perstant defixus uterque
et nunc ora levant audaci laeta iuventa,
ora simul totiens dulces rapientia visus,
nunc deicit vultus aeger pudor et mora dictis
redditur ac rursus conterret Iasona virgo:
'accipe perdomitis quae deinde pericula tauris
et quis in Aeolio maneat te vellere custos.
nondum cuncta tibi, fateor, promissa peregi.
saevior ingenti Mavortis in arbore restat,
crede, labor. quem – tanta utinam fiducia nostri
sit mihi nocturnaeque Hecates – ⟨. . . . .
. . . .⟩ nostrique vigoris.'
dixerat utque virum doceat, quae monstra supersint,
protinus immensis recubantem anfractibus anguem
turbat et Haemonii subito ducis obicit umbram.

499 virgo *B-1498* : ergo ω 501 ⟨im⟩ C (sim meriti *iam B-1474*) ⟨et⟩ C 503 me . . tuentem *Heins.* : mea . . videntem ω iam *Langen* : tum ω 504 iuvat L 507 istis *B-1498* : ipsis ω 511 prestat defixus - dictis (*v. 514*) *exhib.* f 512 nunc] non f 513 dulces f, -is *F-1503* : ducis ω 517 Aeolio Ven *F-1503* : aeoli ω 519 marbre V 521 *lac. ind. Leo 972* 523 anguem M^2 *B-1474* : -e ω 524 Haemonii M^2 *B-1474* : -iis ω umbra V

ille, quod haud alias, stetit et trepidantia torsit
sibila seque metu postquam sua vellera circum
sustulit atque omnis spiris exhorruit arbor,
incipit inde sequi et vacuo furit ore per auras.
'quis fragor hic? quaenam tantae, dic, virgo, ruinae?'
exclamat stricto Aesonides stans frigidus ense.
illa tacet retinens tandemque ait angue represso:
'hunc tibi postremum nostri parat ira parentis,
heu miser, heu tantis iterum mihi care periclis.
o utinam [ut] nullo te sim visura labore
ipsam caeruleis squalentem nexibus ornum
ipsaque pervigilis calcare volumina monstri.
contingat bis deinde mori!' sic fata profugit
seque sub extremis in moenia rettulit umbris.
Et iam puniceo regem spes vana sub ortu
extulerat, quantis nox una diremerit undis
Aesoniden, liberne freto iam vultus aperto
utque prius totum sileat mare, dumque ea longe
explorare †quaeat†, contra venit Arcas Echion
dicta ferens iam Circaeis Mavortis in agris
stare virum, daret aeripedes in proelia tauros.
rex 'vocor en ultro' dixit seque abripit aula
'vos mihi nunc primum †in flammas† invertite, tauri,
aequora, nunc totas aperite et volvite flammas.
exeat Haemonio messis memoranda colono.

531 tacet retinens *scil. Iasonem gladium stringentem Delz 1* : trahit ridens ω 532 nostri M^2 *F-1503* : -is ω 533 care] cura *Strand 126sq.* 534 [ut] R^x *Langen* sim L^1 : sumus ω 536 calcare volumina *Meyncke 2* : calcantem lumina ω 537 bis *Leo 973* : vix ω : mihi Ven *B-1498* 539 vana *Mas.* : una ω 541 liberne K *Pius* : tiberine ω freto A^xC :-tis ω 543 parat *Pius* 545 -pedes *B-1474* : -pides ω 546 rex *Howard Class. Quart. 6, 1956, 168* : et ω en ultro L^1 : ultro en ω seque abripit *Bailey* : spesque addidit ω

tuque tuum pestem in Graium da, nata, draconem
ipsius aspectu pereant in velleris, ipsa
terga mihi diros servent infecta cruores.'
fatur et effusis pandi iubet aequora tauris.
pars et Echionii subeunt immania dentis
semina, pars diri portant grave robur aratri.
at sua magnanimum contra Pagasaea iuventus
prosequitur stipatque ducem. tum maxima quisque
dicta dedit saevisque procul discessit ab agris.
fixerat ille gradus totoque ex agmine solus
stabat ut extremis desertus †ab orbibus axis†,
quem iam lassa dies Austrique ardentis harenae
aut quem Rhipaeas exstantem rursus ad arces
nix et caerulei Boreae ferus abstulit horror;
cum subito attoniti longissima Phasidis unda
Caucaseaeque trabes omnisque Aeetia tellus
fulsit et ardentes stabula effudere tenebras.
ac velut ex una siquando nube corusci
ira Iovis torsit geminos mortalibus ignes
aut duo cum pariter ruperunt vincula venti
dantque fugam, sic tunc claustris evasit uterque
taurus et immani proflavit turbine flammas
arduus atque atro volvens incendia fluctu.
horruit Argoae legio ratis, horruit audax
qui modo virgineis servari cantibus Idas
flebat et invito prospexit Colchida vultu.
non tulit ipse moras seseque immisit Iason,
diversos postquam ire videt, galeamque minantem

550 pestem in *Courtney post Meyncke 1, 51* : partim ω 551 velleris *Koch (vide ad v. 341)* : vellera in ω 557 stipatque BuC : spatioque ω 558 ab *B-1498* : in ω 559 ex agmine *B-1474* : examine ω 560 oribus V, axibus *Delz 1* axis] ales *Bussen De Val. Fl. in adhib. comparationibus usu, Lübeck 1872, 26*; urus *Delz 1* 566 tenebras C : -ae ω 572 *susp. Schenkl*

quassat ⟨et⟩ errantem dextra ciet obvius ignem.
ut tandem stetit et torvo se lumine flexit,
qui prior adversi respexit Iasonis arma,
cunctatus paulum subito furit. aequora non sic
in scopulos irata ruunt eademque recedunt
fracta retro. bis fulmineis se flatibus infert
obnubitque virum, sed non incendia Colchis
adspirare sinit clipeoque inliditur ignis
frigidus et viso pallescit flamma veneno.
inicit Aesonides dextram atque ardentia vincit
cornua, dein totis propendens viribus haeret.
ille virum atque ipsam tunc te, Medea, recusans
concutit et tota nitentem carminis ira
portat; iners tandem gravius mugire recedens
incipit et fesso victus descendere cornu.
respicit hinc socios immania vincula poscens
Aesonides iamque ora premit trahiturque trahitque
obnixusque genu superat cogitque trementes
sub iuga aena toros. alium dehinc turbida Colchis
exarmat lentumque offert timideque minantem
iamque propinquanti noctem[que] implicat. ille fatiscens
in caput inque umeros ipsa vi molis et irae
proruit. invadit totusque incumbit Iason
desuper atque suis defixum flatibus urget
utque dedit vinclis validoque obstrinxit aratro
suscitat ipse genu saevaque agit insuper hasta,
non secus a medio quam si telluris hiatu
terga recentis equi primumque invasit habenis
murmur et in summa Lapithes apparuit Ossa.

578 ⟨et⟩ Marc *B-1474*   579-580 *om.* V   583 fracta Chis *Pius* : facta ω   fulm- *B-1474* : flum- ω   584 cendia V   587 vincit (*a vincire*) *Delz* : mittit ω   591 *dist. Bailey*   592 fessos V   598 [que] M^{2} *B-1474*   601 defessum K^{1}He, defectum *Burman*   604 a *D'Orville (7, 6)* : ac ω   si] cum *Balbus*

Ille, velut campos Libyes ac pinguia Nili
fertilis arva secet, plena sic semina dextra
spargere gaudet agris oneratque novalia bello.
Martius hic primum ter vomere fusus ab ipso
clangor et ex omni sonuerunt cornua sulco,
bellatrix tunc gleba quati pariterque creari
armarique phalanx totisque insurgere campis.
cessit et ad socios paulum se rettulit heros
opperiens ubi prima sibi daret agmina tellus.
at vero ut summis iam rura recedere cristis
vidit et infesta vibrantes casside terras
advolat atque, imo tellus qua proxima collo
necdum umeri videre diem, prior ense sequaci
aequat humo truncos; rutilum thoraca sequenti
aut primas a matre manus premit obvius ante.
nec magis aut illis aut illis milibus ultra
sufficit, ad dirae quam cum Tirynthius Hydrae
agmina Palladios defessus respicit ignes.
ergo iter⟨um⟩ ad socias convertere Colchidos artes
et galeae nexus ac vincula dissipat imae
cunctaturque tamen totique occurrere bello
ipse cupit. spes nulla datur, sic undique densant
terrigenae iam signa duces clamorque tubaeque.
iamque omnes videre virum iamque omnia contra
tela volant. tum vero amens discrimine tanto
quam modo Tartareo galeam dedit illa veneno
in medios torsit; conversae protinus hastae.

607 campos *B-1498* : -is ω Libyes *B-1474* : libyae (alibyae V) ω 609 agris *Mas.* : acri ω 612 quati *B-1498* : quatit ω 614 heros] he V 618 imo *B-1498* : -a ω 619 nectum V 625 ⟨um⟩ *F-1503* socias *F-1481* : -os ω 629 clamorque JC : clamore ω 631 volant *F-1503* : iuvant L, iubant V 632 dedit illa *nonnulli ap. Pium* : Medea (*e v. 637*) ω 633 *versum, quem* C *exhibet, numerant editores*

qualis ubi atto⟨nitos⟩ maestae Phrygas annua Matris
ira vel exsectos lacerat Bellona comatos,
haud secus accensas subito Medea cohortes
implicat et miseros agit in sua proelia fratres.
omnis ibi Aesoniden sterni putat, omnibus ira
aequalis. stupet Aeetes ultroque furentes
ipse viros revocare cupit, sed cuncta iacebant
agmina nec quisquam primus ruit aut super ullus
linquitur atque hausit subito sua funera tellus.
Protinus in fluvium fumantibus evolat armis
Aesonides, qualis Getico de pulvere Mavors
intrat equis uritque gravem sudoribus Hebrum
aut niger ex antris rutilique a fulminis aestu
cum fugit et Siculo respirat in aequore Cyclops.
redditus hinc tandem sociosque amplexus ovantes
haud iam mendacem promissa reposcere regem
dignatur nec, si ipse sibi terga ingerat ultro
qui pepigit, velit in pacem dextramque reverti
amplius. ambo truces, ambo abscessere minantes.

635 ⟨nitos⟩ A^{2} *Carrio* 636 exsectos *B-1474* : exertos ω 639 ibi R^{x} *Carrio* : ubi ω 640 aequalis *Ehlers 2, 132 post Heinsium* : letifera est *Courtney 3* : talis erat ω 642 nec *B-1474* : ne ω aut] haud ω 648 fugit *Heins.* : furit ω Siculo A^{1} *B-1498* : sicco ω 649 hinc *Francius ap. Schenkl 2* : hic ω 650 iam *Carrio* : tam (ta V) ω

C. VALERI FLACCI SETINI BALBI

ARGONAUTICON LIBER OCTAVUS

At trepidam in thalamis et iam sua facta paventem
Colchida circa omnes pariter furiaeque minaeque
patris habent, nec caerulei timor aequoris ultra
nec miserae terra ulla procul: quascumque per undas
ferre fugam, quamcumque cupit iam scandere puppem.
ultima virgineis tunc flens dedit oscula vittis
quosque fugit complexa toros crinemque genasque
aegra per antiqui carpsit vestigia somni
atque haec impresso gemuit miseranda cubili:
'o mihi si profugae genitor nunc ille supremos
amplexus, Aeeta, dares fletusque videres
ecce meos! ne crede, pater, non carior ille est
quem sequimur - tumidis utinam simul obruar undis!
tu precor haec longa placidus mox sceptra senecta
tuta geras meliorque tibi sit cetera proles!'
dixit et Haemonio numquam spernenda marito
condita letiferis promit medicamina cistis
virgineosque sinus ipsumque monile venenis
implicat ac saevum super omnibus addidit ensem.
inde velut torto Furiarum erecta flagello
prosilit, attonito qualis pede prosilit Ino

Inscr.: GAI VALERII FLACCI SETINI ARGONAUTICON LIBER VII EXPLICIT INCIPIT LIBER VIII V *nulla inscriptionis vestigia* LDB, *succ.* M: C. VALERII FLACCI SETINI BALBI ARGONAUTICON EXPLICIT LIBER SEPTIMUS INCIPIT OCTAVUS

8 aegra *Delz* : ante ω (anti)qui *om.* V carpsit L[1] : carsit ω 17 promit *Turnebus (29, 4)* : prodit ω cistris ω, *corr.* L[1] 20 erecta *B-1474* : eiecta ω

in freta nec parvi meminit conterrita nati
quem tenet; extremum coniunx ferit inritus Isthmon.
  Iam prior in lucos curis urgentibus heros
venerat et nemoris sacra se nocte tegebat
tum quoque siderea clarus procul ora iuventa.
qualis adhuc sparsis comitum per lustra catervis
Latmius aestiva residet venator in umbra
dignus amore deae, velatis cornibus et iam
Luna venit, roseo talis per nubila ductor
implet honore nemus talemque exspectat amantem.
ecce autem pavidae virgo de more columbae
quae super ingenti circumdata praepetis umbra
in quemcumque tremens hominem cadit, haud secus illa
acta timore gravi mediam se misit. at ille
excepit blandoque prior sic ore locutus:
'o decus in nostros magnum ventura penates
solaque tantarum virgo haud indigna viarum
causa reperta mihi, ⟨iam⟩iam non ulla requiro
vellera teque meae satis est vexisse carinae.
verum age et hoc etiam, quando potes, adice tantis
muneribus meritisque tuis. namque aurea iussi
terga referre sumus. socios ea gloria tangit.'
sic ait et primis supplex dedit oscula palmis.
  Contra virgo novis iterum singultibus orsa est:
'linquo domos patrias te propter opesque meorum
nec iam nunc regina loquor sceptrisque relictis
vota sequor; serva hanc profugae, prior ipse dedisti
quam (scis nempe) fidem. di nostris vocibus adsunt
sidera et haec te meque vident. tecum aequora, tecum
experiar quascumque vias, modo nequis abactam

23 Isthmon *Pius* : sihmo ω 24 curis M^2 *B-1474* : curiis (-iit V) ω 38 solaque M^2 *B-1474* : sola qui ω 39 ⟨iam⟩ L^1 ulla M^2 *Mas.* : -nulla ω 40 teque] aeque L satis L^1 : statis ω vexisse L^1 (*ex* ω*?*) : quaesisse ω *ob requiro (v. 39) an recte?* 45 novis M^2C : nobis ω

huc referat me forte dies oculis⟨que⟩ parentis
ingerar. hoc superos, hoc te quoque deprecor, hospes.'
Haec ait atque furens rapido per devia passu
tollitur. ille haeret comes et mi[se]ratur euntem
cum subito ingentem media inter nubila flammam
conspicit et saeva vibrantes luce tenebras.
'quis rubor iste poli? quod tam lugubre refulsit
sidus?' ait, reddit trepido cui talia virgo:
'ipsius en oculos et lumina torva draconis
aspicis. ille suis haec vibrat fulgura cristis
meque pavens contra solam videt ac vocat ultro,
ceu solet, et blanda poscit me pabula lingua.
dic age nunc utrum vigilanti hostemque videnti
exuvias auferre velis an lumina somno
mergimus et domitum potius tibi tradimus anguem.'
ille silet, tantus subiit tum virginis horror.
Iamque manus Colchis †crinem†que intenderat astris
carmina barbarico fundens pede teque ciebat,
Somne pater: 'Somne omnipotens, te Colchi[di]s ab omni
orbe voco inque unum iubeo nunc ire draconem,
quae freta saepe tuo domui, quae nubila cornu
fulminaque et toto quicquid micat aethere, sed nunc,
nunc age maior ades fratrique simillime Leto.
te quoque, Phrixeae pecudis fidissime custos,
tempus ab hac oculos tandem deflectere cura.
quem metuis me adstante dolum? servabo parumper
ipsa nemus; longum interea tu pone laborem.'
ille haud Aeolio discedere fessus ab auro

52 ⟨que⟩ L[1] 53 superas V 55 [se] *Meyncke 2* euntem L[1] : entem ω 60 torba trac- V 62 ac C : ad- ω ultra V 66 mergimus R *B-1498* : -itur ω 67 tantus M[2] *B-1474* : -tos ω tum R *B-1498* : ut ω 68 lumen *Heins.*, vultum *Ehlers* 70 [di] L[1] 73 fulm- *B-1474* : flum- ω 74 leto *B-1474*, laeto *iam* D : loto ω, laoto L[1] 76 oculis V 77 me adstante *Heins.* : meis tande ω

nec dare permissae, quamvis iuvet, ora quieti
sustinet ac primi percussus nube soporis
horruit et dulces excussit ab arbore somnos.
contra Tartareis Colchis spumare ⟨venenis⟩
cunctaque Lethaei quassare silentia rami
perstat et adverso luctantia lumina cantu
obruit atque omnem linguaque manuque fatigat
vim Stygiam ardentes donec sopor occupet iras.
iamque altae cecidere iubae nutatque coactum
iam caput atque ingens extra sua vellera cervix
ceu refluens Padus aut septem proiectus in amnes
Nilus et Hesperium veniens Alpheos in orbem.
ipsa caput cari postquam Medea draconis
vidit humi fusis circum proiecta lacertis
seque suumque simul flevit crudelis alumnum.
'non ego te sera talem sub nocte videbam
sacra ferens epulasque tibi nec talis hianti
mella dabam ac nostris nutribam fida venenis.
quam gravida nunc mole iaces, quam segnis inertem
flatus habet! nec te saltem, miserande, peremi.
heu saevum passure diem, iam nulla videbis
vellera, nulla tua fulgentia dona sub umbra.
cede adeo inque aliis senium nunc digere lucis
immemor, oro, mei nec me tua sibila toto
exagitent infesta mari. sed tu quoque cunctas,
Aesonide, dimitte moras atque effuge raptis
velleribus. patrios exstinxi noxia tauros,

80 iuvet Ha : iubet ω   82 somnos M^2 *B-1474* : -us ω   83 ⟨venenis⟩ L^1 *cf. 7,362*   86 obruit *F-1503* : orruit V, horruit L   88–125 *desunt in* V *folio exscisso*   90 porrectus *Heins. ob 8,93*   92 draconis M^2 *B-1474* : -es L   94 seque M^2 *F-1503* : sed L   97 mella *B-1474* : -le L   heu R *V-1523* : ne L   passure *F-1503* : -a L   102 digere *B-1474* : degenere L   104 maris editu quoque L^{ac1} 105 dimitte Vat *B-1474* : dem- L   effugere L^{ac1}

terrigenas in fata dedi: fusum ecce draconis
corpus habes! iamque omne nefas, iam, spero, peregi.'
quaerenti tunc deinde viam, qua se arduus heros
ferret ad aurigerae caput arboris, 'heia per ipsum
scande age et adverso gressus' ait 'imprime dorso.'
nec mora fit. dictis fidens Cretheia proles
calcat et aeriam squamis perfertur ad ornum,
cuius adhuc rutilam servabant bracchia pellem,
nubibus accensis similem aut cum veste recincta
labitur ardenti Thaumantias obvia Phoebo.
corripit optatum decus extremumque laborem
Aesonides longosque sibi gestata per annos
Phrixeae monumenta fugae vix reddidit arbor
cum gemitu tristesque super coiere tenebrae.
egressi relegunt campos et fluminis ora
summa petunt. micat omnis ager villisque comantem
sidereis totos pellem nunc fundit in artus,
nunc in colla refert, nunc implicat ille sinistrae:
talis ab Inachiis Nemeae Tirynthius antris
ibat adhuc aptans umeris capitique leonem.
ut vero sociis, qui tunc praedicta tenebant
ostia, per longas apparuit aureus umbras,
clamor ab Haemonio surgit grege. se quoque gaudens
promovet ad primas iuveni ratis obvia ripas.
praecipites agit ille gradus atque aurea misit
terga prius, mox attonita cum virgine puppem
insilit ac rapta victor consistit in hasta.
Interea patrias saevus venit horror ad aures
fata domus luctumque ferens fraudemque fugamque
virginis. hinc subitis infelix frater in armis,

107 fata *Pius* : -festa L 113 caleat L^{acl} squamis Ha *V-1523* : quamis L (quamvis L^1) 115 nudibus L^{acl} 120 coire L^{acl} 123 pellem *om.* L, *add.* L^1 126 apt- *B-1474* : capt- ω 129 ab M^2 *B-1474* : ad ω 130 ratis M^2 *B-1474* : -es ω 131 ait V 134 aures M^2 *F-1481* : -as ω 136-185 *huc rettulit Politianus (Misc. 2, 2), B-1498* : *post v. 385* ω 136-153 *et* 366-385 *desunt in* V *folio exscisso* 136 infelix *Schenkl* : inflexit L

urbs etiam mox tota coit, volat ipse senectae
immemor Aeetes, complentur litora bello
nequiquam, fugit immissis iam puppis habenis.
Mater adhuc ambas tendebat in aequora palmas
et soror atque omnes aliae matresque nurusque
Colchides aequalesque tibi, Medea, puellae.
exstat sola parens impletque ululatibus auras:
'siste fugam, medio refer huc ex aequore puppem,
nata, potes! quo' clamat 'abis? hic turba tuorum
omnis et iratus nondum pater, haec tua tellus
sceptraque: quid terris solam te credis Achaeis?
quis locus Inachias inter tibi, barbara, natas?
istane vota domus exspectatique hymenaei?
hunc petii grandaeva diem? vellem unguibus uncis
ut volucris possem praedonis in ipsius ora
ire ratemque supra claroque reposcere cantu
quam genui. Albano fuit haec promissa tyranno,
non tibi; nil tecum miseri pepigere parentes,
Aesonide, non hoc Pelias evadere furto
te iubet aut ullas Colchis abducere natas:
vellus habe et nostris siquid super accipe templis!
sed quid ego quemquam immeritis incuso querellis?
ipsa fugit tantoque (nefas) ipsa ardet amore.
hoc erat, infelix, redeunt nam singula menti,
ex quo [to] Thessalici subierunt †nam singula†
quod nullae te, nata, dapes, non ulla iuvabant
tempora. non ullus tibi tum color aegraque verba
errantesque genae atque alieno gaudia vultu
semper erant. cur tanta mihi non prodita pestis,

137 ipse Vat *B-1474* : -a L 139 iam *Heins.* : nam L 140 adhuc *susp.* 144 fugam *B-1474* : -ga L 145 nata *B-1474* : nota L 150 petii *B-1474* : -ti L 151 praeconis L^{acl} 158 egō *susp.*; ago quemque *Courtney 1* (ago quemve *iam Columbus*) q. relles V 161 [to] M^2 *B-1474* aequora (litora *Heins.*) remi *B-1474* 165 erant *B-1474* : erat ω cur M^2 *B-1474* : cura ω

ut gener Aesonides nostra consideret aula
nec talem pàterere fugam, commune fuisset
aut certe nunc omne nefas iremus et ambae
in quascumque vias? pariter petiisse iuvaret
Thessaliam et saevi, quaecumque est, hospitis urbem.'
sic genetrix similique implet soror omnia questu
exululans, famulae pariter clamore supremo
in vacuos dant verba notos dominamque reclamant
nomine; te venti procul et tua fata ferebant.
Inde diem noctemque volant. redeuntibus aura
gratior et notae Minyis transcurrere terrae,
cum subito Erginus puppi sic fatur ab alta:
'vos,' ait 'Aesonide, contenti vellere capto
nec via quae superet nec quae fortuna videtis.
crastina namque dies trucis ad confinia Ponti
Cyaneasque vocat meminique, o Tiphy, tuorum
saxa per illa, pater, memini, venerande, laborum.
mutandum, o socii, nobis iter: altera ponti
eluctanda via et cursu quem fabor eundum est.
haud procul hinc ingens Scythici ruit exitus Histri,
fundere non uno tantum quem flumina cornu
accipimus. septem exit aquis, septem ostia pandit.
illius adversi nunc ora petamus et undam
quae latus in laevum Ponti cadit, inde sequemur
ipsius amnis iter donec nos flumine certo
perferat inque aliud reddat mare. sint age tanti,
Aesonide, quaecumque morae quam saeva subire
saxa iterum, quam Cyaneos perrumpere montes.
sat mihi, non totis Argo redit ecce corymbis.'
haec ait ignarus fixas iam numine rupes

167 nec *B-1474* : ne ω 170 est *om.* V 175 Indi ω, *corr.* L^1 180 crasti V 181 meminique *B-1474* : -nitque ω tuorum M^2 *B-1474* : tio- ω 184 fabor M^2 *B-1474* : -vor ω 189 quaem V 191 perferat *B-1474* : prof- ω 194 redit M^2 *B-1474* : reddit ω

stare neque adversis ultra concurrere saxis.
reddidit Aesonides: 'et te, fidissime rector,
haud vani tetigere metus nec me ire recuso
longius et cunctis redeuntem ostendere terris.'
protinus inde alios flectunt regesque locosque
adsuetumque petunt plaustris migrantibus aequor.
Puppe procul summa vigilis post terga magistri
haeserat auratae genibus Medea Minervae
atque ibi deiecta residens in lumina palla
flebat adhuc, quamquam Haemoniis cum regibus iret
sola tamen nec coniugii secura futuri.
illam Sarmatici miserantur litora ponti,
illa Thoanteae transit defleta Dianae,
nulla palus, nullus Scythiae non maeret euntem
amnis. Hyperboreas movit conspecta pruinas
tot modo regna tenens; ipsi quoque murmura ponunt
iam Minyae, iam ferre volunt. vix adlevat ora
ad seras siquando dapes, quas carus Iason
ipse dab⟨at, i⟩am nubiferam transire Carambin
significans, iam regna Lyci, totiensque gementem
fallit ad Haemonios hortatus surgere montes.
Insula Sarmaticae Peuce stat nomine nymphae
torvus ubi et ripa semper metuendus utraque
in freta per saevos Hister descendit alumnos.
solvere in hoc tandem resides dux litore curas
ac primum socios ausus sua pacta docere
promissamque fidem thalami foedusque iugale.
ultro omnes laeti instigant meritamque fatentur,

197 te] de V 202 vigilis M^2 *B-1474* : -liis ω 206 coniugi ω, *corr.* L^1 208 defleta R *Pius* : deflexa ω 209 cydiae V, cydh- V^1 211 ipsi *B-1474* : ipse ω murmura *B-1498* : -re ω ponunt V : ponti (*e v. 207*) L *locus obscurus* 212 ferre *scil. Medeam* 214 ⟨at i⟩ *B-1474* Carambin *B-1474* : carymb- ω 215-216 significans *scil. fallit* 216 hortatur L 218 utraque M^2 *B-1474* : -asque ω

ipse autem invitae iam Pallados erigit aras
incipit Idaliae numen nec spernere divae
praecipueque sui siquando in tempore pulcher
coniugii Minyas numquam magis eminet inter,
qualis sanguineo victor Gradivus ab Hebro
Idalium furto subit aut dilecta Cythera
seu cum caelestes Alcidae invisere mensas
iam vacat et fessum Iunonia sustinet Hebe.
adsunt unanimes Venus hortatorque Cupido;
suscitat adfixam maestis Aeetida curis,
ipsa suas illi croceo subtegmine vestes
induit, ipsa suam duplicem Cytherea coronam
donat et arsuras alia cum virgine gemmas.
tum novus implevit vultus honor ac sua flavis
reddita cura comis graditurque oblita malorum.
sic ubi Mygdonios planctus sacer abluit Almo
laetaque iam Cybele festaeque per oppida taedae,
quis modo tam saevos adytis fluxisse cruores
cogitet aut ipsi qui iam meminere ministri?
inde ubi sacrificas cum coniuge venit ad aras
Aesonides unaque adeunt pariterque precari
incipiunt, ignem Pollux undamque iugalem
praetulit et dextrum pariter vertuntur in orbem.
sed neque se pingues tum candida flamma per auras
explicuit nec tura videt concordia Mopsus
promissam nec stare fidem, breve tempus amorum.
odit utrumque simul, simul et miseratur utrumque
et tibi tum nullos optavit, barbara, natos.
mox epulas et sacra parant. silvestria laetis
praemia venatu facili quaesita supersunt;

224 ipse *Balbus* : -a ω 228 victor *om.* V 230–233 *cf. Leo 974sq.* 233 suscitat *scil. Cupido* 239 planctus *B-1498* : -tu ω 241 tam *Pius B-1498* : iam ω 243 -ficans V 249 fidem L[1] : -es ω 251 tum] iam *B-1474* 252 sacra] strata *Heins.*

pars veribus, pars undanti despumat aeno.
gramineis ast inde toris discumbitur, olim
Hister anhelantem Peucen quo presserat antro.
ipsi inter medios rosea radiante iuventa
altius inque sui sternuntur velleris auro.
Quis novus inceptos timor impediit hymenaeos
turbavitque toros et sacra calentia rupit?
Absyrtus subita praeceps cum classe parentis
advehitur profugis infestam lampada Grais
concutiens diramque premens clamore sororem
atque 'hanc, o siquis vobis dolor iraque, Colchi,
accelerate viam, neque enim fugit aequore raptor
Iuppiter aut falsi sequimur vestigia tauri.
puppe (nefas) una praedo Phrixea reportat
vellera, qua libuit remeat cum virgine; nobis,
o pudor, et muros et stantia tecta reliquit.
quid mihi deinde satis? nec quaero vellera nec te
accipio, germana, datam nec foederis ulla
spes erit aut irae quisquam modus. inde reverti
patris ad ora mei tam parvo in tempore fas sit?
quinquaginta animae me scilicet unaque mersa
sufficiet placare ratis? te, Graecia fallax,
persequor atque tuis hunc quasso moenibus ignem.
nec tibi digna, soror, desum ad conubia frater
primus et ecce fero quatioque hanc lampada vestro
coniugio, primus celebro dotalia sacra,
qui potui: patriae veniam da, quaeso, senectae.
quin omnes alii pariter populique patresque
mecum adsunt. magni virgo ne regia Solis
Haemonii thalamos adeas despecta mariti
tot decuit coiisse rates, tot fulgere taedas.'

259 impediit L[1] : -pendit ω 263 diramque *cf. Strand 121* sororem L[1] : sono- ω 268 remeat *B-1474* : tre- ω 274 -que *om.* V 277 frater *B-1474* : pater ω 280 da] de V 281 alii *B-1498* : alti ω 284 coiisse *B-1498* : coire ω fulgere M[2] *B-1474* : fulgore L, fulgurae V

Dixerat atque orans iterum ventosque virosque
perque ratis supplex et remigis ⟨...........
...............................⟩ vexilla magistris.
illi autem intorquent truncis frond⟨ent⟩ibus undam
quaeque die fuerat raptim formata sub uno
et tantum deiecta suis a montibus arbor –
quid dolor et veterum potuit non ira virorum? –
haud longis iam distat aquis sequiturque volantem
barbara Palladiam puppem ratis, ostia donec
Danuvii viridemque vident ante ostia Peucen
ultimaque agnoscunt Argoi cornua mali.
tum vero clamorem omnes inimicaque tollunt
gaudia, tum gravior remis fragor, ut procul Argo
visa viris, unamque petunt rostra omnia puppem.
princeps navalem nodosi roboris uncum
arripit et longa Styrus prospectat ab unda
coniugio atque iterum sponsae flammatus amore.
iamque alii clipeos et tela trabalia dextris
expediunt, armant alii picis unguine flammas.
impatiens tremit hasta morae nec longius inter
quam quod tela vetet superest mare. vocibus urgent
interea et pedibus pulsant tabulata frementes.
Cum subitas videre rates vibrataque flammis
aequora non una Minyae formidine surgunt,
primus et in puppem deserta virgine ductor
prosilit et summa galeam rapit altus ab hasta,
ense simul clipeoque micat nec cetera pubes
segnius arreptis in litore constitit armis.
at tibi quae scelerum facies, Medea, tuorum
quisve pudor Colchos iterum fratremque videnti
quicquid et abscisum vasto iam tuta profundo

285sqq. *cf. Leo 975* 286 *lac. ind. Leo* 287 ⟨ent⟩ L[1] 288 furat V 293 viridemque M[2] *B-1474* : virilem- (virilegem- V) ω 302 armant M : amant ω picis unguine *B-1474* : pici sanguine ω

credideras! ergo infausto sese occulit antro
non aliud quam certa mori seu carus Iason
seu frater Graia victus cecidisset ab hasta.
Haud ita sed summo segnis sed⟨et⟩ aethere Iuno
aut sinit extrema Minyas decernere pugna
nec numero quoniam Colchis nec puppibus aequos.
ergo ubi diva rates hostemque accedere cernit,
ipsa subit terras tempestatumque refringit
ventorumque domos. volucrum gens turbida fratrum
erumpit, classem dextra Saturnia monstrat.
videre inque unum pariter mare protinus omnes
infesto clamore ruunt inimicaque Colchis
aequora et adversos statuunt a litore fluctus.
Tollitur atque infra Minyas Argoaque vela
Styrus habet, vasto rursus desidit hiatu
abruptus revolutus aqua. iamque omnis in astra
itque reditque ratis lapsoque reciproca fluctu
descendit. vorat hos vertex, hos agmine toto
gurges agit, simul in vultus micat undique terror;
crebra ruina poli caelestia limina laxat.
non tamen ardentis Styri violentia cedit,
hortatur socios media inter proelia divum:
'transferet ergo meas in quae volet oppida dotes
Colchis et Haemonius nobis succedet adulter
nec mihi tot magnos inter regesque procosque
profuerit prona haud dubii sententia patris?
an virtus praelata viri est et fortior ille

318 ⟨et⟩ *B-1474* 319 haud L 320 aequos *cf. Kühner-Stegmann 1, 791, 7* : aequi *Wagner post Burman* 321 acced- L^1 : accend- ω 322 ipsa subit *B-1474* : ipsas ubi ω 328 infra *Courtney 2 post Giarratano* : intra ω 329 Styrus M^2 *B-1474* : -rys (-is L) ω 331 ratis M^2 *B-1474* : -es ω 332 vorat R *B-1498* : varat ω 333 ait V 334 limina Bu : lum- ω 338 Colchis M^2 *B-1474* : -ius ω succederet V

quem sequitur? iungam igniferos sine carmine tauros
saevaque Echionii ferro sata persequar hydri.
hoc adeo interea specta de litore pugnas
amborum: victoris eris. iam digna videbis
proelia iamque illud carum caput ire cruenta
sub freta, semiviri nec murra corpus Achivi
sed pice, sed flammis et olentes sulphure crines.
vos modo vel solum hoc, fluctus, expellite corpus:
non te, Aeeta pater, generi aut, Sol magne, pudebit.
fallor, an hos nobis magico nunc carmine ventos
ipsa movet diraque levat maria ardua lingua
atque iterum Aesonides, iterum defenditur arte
qua solet? haud illi cantus et futile murmur
proderit. ite, rates, et frangite virginis undam!'
dixit et intortis socio cum milite remis
prosilit. at fluctu puppis labefacta reverso
solvitur effunditque viros ipsumque minantem
tunc quoque et elata quaerentem litora dextra.
ibat et arma ferens et strictum naufragus ensem
incipit et remos et quaerere transtra solutae
sparsa ratis maestas⟨que⟩ altis intendere voces
puppibus. ast inter tantos succurrere fluctus
nulla potest aut ille sequi quotiensque propinquat
tunc alius rursus dirimit mare. iam tamen errat
iamque abiit fundoque iterum violentus ab imo
erigitur, sed fluctus adest magnoque sub altis
turbine figit aquis et tandem virgine cessit.
   Absyrtus visu maeret defixus acerbo:
heu quid agat? qua vi portus et prima capessat
ostia, qua possit Minyas invadere clausos,
quos videt agnoscitque fremens? maria obvia contra

343 -onii L[1] : -oni ω   348 -e tollentis V   354 haud *B-1498* : aut ω   362 ⟨que⟩ *Thilo*   364 sequi *Courtney 3* : velit ω   365 errat] enat *Sandstroem*   366–385 (*vide ad 8,136*) *desunt in* V   370 heu *Heins.* : nec L   372 fremens *Sabellicus* : tre- L

saevaque pugnat hiems totusque in vertice pontus.
abscessit tandem vanaque recedit ab ira
et tanta de clade ratis. latus inde sinistrum
adversamque procul Peuces defertur in oram
cum sociis, gemino nam scinditur insula flexu
Danuvii. hac dudum Minyas Pagasaea⟨que⟩ puppis
in statione manent, illinc Aeetius heros
obsidet adversa tentoria Thessala classe
impatiens pugnaeque datur non ulla potestas.
noctes atque dies vastis mare fluctibus inter
perfurit, expediant donec Iunonia sese
consilia atque aliquem bello ferat anxia finem.
At Minyae tanti reputantes ultima belli
urgent et precibus cuncti fremituque fatigant
Aesoniden: quid se externa pro virgine clausos
obiciat quidve illa pati discrimina cogat?
respiceret pluresque animas maioraque fata
tot comitum, qui non furiis nec amore nefando
per freta, sed sola sese virtute sequantur.
an vero ut thalamis raptisque indulgeat unus
coniugiis? id tempus enim. sat vellera Grais
et posse oblata componere virgine bellum.
quemque suas sinat ire domos nec Marte cruento
Europam atque Asiam prima haec committat Erinys.
namque datum hoc fatis trepidus supplexque canebat
Mopsus, ut in seros irent magis ista nepotes
atque alius lueret tam dira incendia raptor.
Ille trahens gemitum tantis ac vocibus impar
quamquam iura deum et sacri sibi conscia pacti

375 ratis *scil. Absyrti* 377 sociis *B-1498* : -ii L 378 hac *F-1503* : ac L pågassaea L ⟨que⟩ *B-1474* 381 ulla M[2] *B-1474* : nulla ω 387 quid M[2] *B-1474* : qui te ω clausos *B-1498* : -as ω 389 (-ra)que *om.* V 390 amore *B-1498* : more ω 398 ista *B-1498* : ipsa ω 401 deum L[1] : adeum ω et sacri *nescioquis ap. Pium* : est acri ω

religio dulcisque movent primordia taedae,
cunctatur mortemque cupit sociamque pericli
cogitat. haud ultra sociis obsistere pergit.
haec ubi fixa viris, tempus fluctusque quietos
exspectant. ipsam interea quid restet amantem
ignorare sinunt decretaque tristia servant.
  Sed miser ut vanos, veros ita saepe timores
versat amor fallique sinit nec virginis annos.
ac prior ipsa dolos et quamlibet intima sensit
non fidi iam signa viri nimiumque silentes
una omnes. haud illa sui tamen immemor umquam
nec subitis turbata minis prior occupat unum
Aesoniden longeque trahit, mox talibus infit:
'me quoque, vir, tecum Minyae, fortissima pubes,
nocte dieque movent? liceat cognoscere tandem,
si modo Peliacae non sum captiva carinae
nec dominos decepta sequor consultaque vestra
fas audire mihi. merear, fidissime coniunx,
nil equidem, miserere tamen promissaque serva
usque ad Thessalicos saltem conubia portus
inque tua me sperne domo. scis te mihi certe,
non socios iurasse tuos. hi reddere forsan
fas habeant, tibi non eadem permissa potestas
teque simul mecum ipsa traham: non sola reposcor
virgo nocens atque hac pariter rate fugimus omnes.
an fratris te bella mei patriaeque biremes
terrificant magnoque impar urgeris ab hoste?
finge rates alias et adhuc maiora coire
agmina: nulla fides, nullis ego digna periclis,

403 Martemque *Schenkl*   404 *lac. post* cogitat *susp. Schenkl*   407 -que *om.* L   408 ut - amor (*v. 409*) *exhib.* f   409 fallique L^{1} : -itque ω   412 illa M : ulla ω   413 subitis L^{1} : subotis ω   415 vir L^{1} vit- ω : quid *Heins.*   419 merear *Bailey* : vereor ω   423 hi *Pius* : his ω   424 permissa *B-1498* : pro- ω

non merui mortemque tuam comitemque tuorum?
vellem equidem nostri tetigissent litora patris
te sine duxque illis alius quicumque fuisset.
nunc remeant meque ecce (nefas) et reddere possunt
nec spes ulla super. quin tu mea respice saltem
consilia et nimio comitum ne ce⟨de⟩ timori.
credidit ardentes quis te tunc iungere tauros
posse, quis ad saevi venturum templa draconis?
o utinam ergo meus pro te non omnia posset
atque aliquid dubitaret amor. quin nunc quoque quaero
quid iubeas. heu, dure, siles? magnumque minatur 460
nescioquid tuus iste pudor. mene, optime quondam 441
Aesonide, me ferre preces et supplicis ora
fas erat - haud hoc nunc genitor putat - aut dare poenas
iam sceleris dominumque pati?' sic fata parantem
redde⟨re⟩ dicta virum furiata mente refugit
vociferans. qualem Ogygias cum tollit in arces
Bacchus et Aoniis inlidit Thyiada truncis,
talis erat talemque iugis se virgo ferebat
cuncta pavens; fugit infestos vibrantibus hastis
terrigenas, fugit ardentes exterrita tauros.
si Pagasas vel Peliacas hinc denique nubes
cerneret et ⟨tenui⟩ Tempe lucentia fumo,
hoc visu contenta mori. tunc tota querellis
egeritur questuque dies eademque sub astris
sola movet, maestis veluti nox illa sonaret

436 consila V nimia V ⟨de⟩ M^2 *B-1474* 437 Credidit A^2 *B-1498* : reddidit ω te *Heins.* : e ω 440 quaero *B-1498* : quaere ω 460 *huc transp. Lemaire* iubeas] dubitas L 442-444 *dist. Schenkl* 444 parantem *B-1474* : -entem (-tum V) ω 445 ⟨re⟩ M^2 *B-1474* 446 compellit *Williams ap. Courtney*, pellit *iam Weichert Epist. crit. 94* 447 Thyada *Heins., corr. Thilo* : tyana ω : tympana L^1 449sq. fugit *furore correpta; versus del. Jachmann Rh. Mus. 84, 1935, 236* 452 ⟨tenui⟩ *Baehrens post* Tempe, *ante inser. Ehlers*

plena lupis quaterentque truces ieiuna leones
ora vel orbatae traherent suspiria vaccae.
procedit non gentis honos, non ⟨gloria magni⟩
Solis avi, non barbaricae decor ille iuventae, 459
qualis erat cum Chaonio radiantia trunco 461
vellera vexit ovans interque ingentia Graium
nomina Palladia virgo stet altera prora. 463
Maestus at ille minis et mota Colchidos ira 463A
haeret et hinc praesens pudor, hinc decreta suorum 464
dura premunt. utcumque tamen mulcere gementem 465
temptat et ipse gemens et †tempera† dictis:
'mene aliquid meruisse putas, me talia velle?

(*reliqua desiderantur*)

456 plena *B-1474* : plana ω 457 vaccae M^2 *B-1474* : bacchae ω 458 *suppl. F-1481* 463A *om.* V at M^2 *F-1503* : ait L mota *Ehlers Gnomon 48, 1976, 255, 4* : noto L 466 *e. g.* tempora quaerere Heins. 467 mane V

Subscr.: VALERI FLACCI SETINI LIBER VIII EXPLICIT FELICITER V C. VALERII FLACCI SETINI BALBI ARGONAUTICON LIBER VIII EXPLICIT FELICITER DM (*pro* L)

INDEX NOMINUM

www.ingramcontent.com/pod-product-compliance
Lightning Source LLC
Chambersburg PA
CBHW070545310726
48982CB00004B/843

* 9 7 8 3 5 9 8 7 1 8 6 8 7 *